四特 教育系列丛书 SITEJIAOYUXILIECONGSHU

文科学习有办法

萧枫　姜忠喆◎主编

特约主编：庄文中　龚玲
主　　编：萧枫　姜忠喆
编　　委：孟迎红　郑晶华　李菁　王晶晶　金燕
刘立伟　李大宇　赵志艳　王冲
王锦华　王淑萍　朱丽娟　刘爽
陈元慧　王平　张丽红　张锐
侯秋燕　齐淑华　韩俊范　冯健男
张顺利　吴姗　穆洪泽
左玉河　李书源　李长胜　温超
范淑清　任伟　张寄忠　高亚南
王钱理　李彤

吉林出版集团有限责任公司

图书在版编目(CIP)数据

文科学习有办法/《“四特”教育系列丛书》编委会编著.--长春：吉林出版集团有限责任公司，2012.4
（“四特”教育系列丛书/庄文中等主编.爱学习,爱科学）

ISBN 978-7-5463-8686-7

Ⅰ.①文… Ⅱ.①四… Ⅲ.①文科（教育）-学习方法-中小法 Ⅳ.①G634.303

中国版本图书馆 CIP 数据核字（2012）第 044172 号

文科学习有办法

出版人	孙建军
责任编辑	孟迎红　蔡宏浩
责任校对	赵　霞
开　本	690mm × 960mm 1/16
字　数	250 千字
印　张	13
版　次	2012 年 4 月第 1 版
印　次	2018 年 2 月第 1 版第 2 次印刷
出　版	吉林出版集团有限责任公司
发　行	吉林音像出版社
	吉林北方卡通漫画有限责任公司
地　址	长春市泰来街 1825 号
	邮　编：130062
电　话	总编办：0431-86012906
	发行科：0431-86012770
印　刷	北京龙跃印务有限公司

ISBN 978-7-5463-8686-7　　定价：39.80 元

版权所有 侵权必究　举报电话：0431-86012892

前 言

学校教育是个人一生中所受教育最重要组成部分，个人在学校里接受计划性的指导，系统地学习文化知识、社会规范、道德准则和价值观念。学校教育从某种意义上讲，决定着个人社会化的水平和性质，是个体社会化的重要基地。知识经济时代要求社会尊师重教，学校教育越来越受重视，在社会中起到举足轻重的作用。

“四特教育系列丛书”以“特定对象、特别对待、特殊方法、特例分析”为宗旨，立足学校教育与管理，理论结合实践，集多位教育界专家、学者以及一线校长、老师们的教育成果与经验于一体，围绕困扰学校、领导、教师、学生的教育难题，集思广益，多方借鉴，力求全面彻底解决。

本辑为“四特教育系列丛书”之《爱学习，爱科学》。

古今中外，许多成功人士都重视和强调学习方法的重要性。伟大的生物学家达尔文就曾说过：“一切知识中最有价值的是关于方法的知识。”著名的大科学家爱因斯坦的成功方程式则是“成功＝艰苦的劳动＋正确的方法＋少说空话”。这也是爱因斯坦对其一生治学和科学探索的总结。我们不难看出正确的方法在成功诸因素中具有多么重要的位置。联合国教科文组织教育发展委员会在《学会生存》一书中指出：“未来的文盲不再是不识字的人，而是没有学会怎样学习的人。”也就是说，未来的文盲不是“知识盲”，而是“方法盲”。所以，在教学中对学生进行正确学习方法教育极具重要性。本书包括提高智力的方法以及各种学习方法和各科学习方法等内容，具有很强的系统性、实用性、实践性和指导性。但要说明的是：“学习有法，但无定法，贵在得法”。教师在教学中要注意因材施教，注意学生的个体差异，进而施以不同的方法教育，这样才能让学生掌握最适合自己的学习方法和学习的金钥匙，从而终身享用。

科学是人类进步的第一推动力，而科学知识的普及则是实现这一推动的必由之路。在新的时代，社会的进步、科技的发展、人们生活水平的不断提高，为我们青少年的科普教育提供了新的契机。抓住这个契机，大力普及科学知识，传播科学精神，提高青少年的科学素质，是我们全社会的重要课题。科学教育，是提高青少年素质的重要因素，是现代教育的核心，这不仅能使青少年获得生活和未来所需的知识与技能，更重要的是能使青少年获得科学思想、科学精神、科学态度及科学方法的熏陶和培养。

本辑共20分册，具体内容如下：

1.《智能提高有办法》

智能提高可能性，与遗传基因和后天因素息息相关。遗传因素我们无法改变，能够改变的就是尽量利用后天因素。本书针对学生如何提高学习智能进行了系统而深入的分析和探讨，并给予了切实的指导，对中小学生颇有启发意义，具有很强的系统性、实用性、实践性和指导性。

2.《高效学习有办法》

高效学习法是一种富教于乐的教育方式和高效学习训练系统。它从阅读、记忆、速算、书写这四个方面入手，提高孩子的“速商”让孩子读的快，学的快，算的快，记的快，迅速提高学习成绩。本书针对学生如何提高学习效率进行了系统而深入的分析和探讨，并给予了切实的指导，对中小学生颇有启发意义，具有很强的系统性、实用性、实践性和指导性。

3.《提高记忆有办法》

人的大脑机能几乎都以记忆力为基础，只有记忆力好，学习、想象、创意、审美等能力才能顺利发展。那么如何才能记得更多、记得更牢、更有效地提高记忆力呢？本书帮助你找到提高记忆力的秘密，将记忆能力提升到顶点。本书针对学生如何提高记忆力进行了系统而深入的分析和探讨，并给予了切实的指导，对中小学生颇有启发意义，具有很强的系统性、实用性、实践性和指导性。

4.《阅读训练有办法》

本书以语境语感训练为主要教学法，以日常生活中必读的各种文体、范文讲解及阅读材料的补充为内容，从快速阅读入手，帮助学习者提高汉语阅读水平。学生在学习的过程，根据实际情况选用适应的学习方法，定能收到事半功倍的效果。

5.《轻松作文有办法》

写作是汉语的重要组成部分，在汉语中有举足轻重的地位。人们抒发感情需要写作，总结经验教训需要写作，记叙事件需要写作……总之，无论学习、工作、生活都离不开写作。本书针对学生如何提高写作能力进行了系统而深入的分析和探讨，并给予了切实的指导，对中小学生颇有启发意义，具有很强的系统性、实用性、实践性和指导性。

6.《课堂学习有办法》

课堂听课是学生在校学习的基本形式，学生在校学习的大部分时间是在听课中度过的。听课之所以重要，是因为大部分知识都得通过听老师的讲课来获取。要想学习好，首先必须学会听课。本书针对学生如何提高课堂学习能力进行了系统而深入的分析和探讨，并给予了切实的指导，对中小学生颇有启发意义，具有很强的系统性、实用性、实践性和指导性。

7.《自主学习有办法》

自主学习是与传统的接受学习相对应的一种现代化学习方式。以学生作为学习的主体，通过学生独立的分析、探索、实践、质疑、创造等方法来实现学习目标。本书针对学生如何提高自主学习能力进行了系统而深入的分析和探讨，并给予了切实的指导，对中小学生颇有启发意义，具有很强的系统性、实用性、实践性和指导性。

8.《应对考试有办法》

考试主要有两种目的：一是检测考试者对某方面知识或技能的掌握程度；二是检验考试者是否已经具备获得某种资格的基本能力。如何有效的准备考试，可分成考试前、考试中、考试后三个部分做说明。本书针对学生如何应对考试进行了系统而深入的分析和探讨，并给予了切实的指导，对中小学生颇有启发意义，具有很强的系统性、实用性、实践性和指导性。

9.《文科学习有办法》

综合文科的学习旨在帮助学生学会学习，学会分析研究人与自然、人与社会、人与自身关系中的现实问题，学会探讨解决问题的方法等，帮助学生树立终身学习的观念。在这个过程中不断培养学生的实践能力、创新意识和创造力。本书针对学生如何提高文科学习能力进行了系统而深入的分析和探讨，并给予了切实的指导，对中小学生颇有启发意义，具有很强的系统性、实用性、实践性和指导性。

10.《理科学习有办法》

理科学习要形成良好的学习习惯和有效的学习方法。总的来说，科学的学习方法可用如下此歌谣来概括：课前要预习，听课易入脑。温故才知新，歧义见分晓。自学新内容，要把重点找。问题列出来，听课有目标。听课要专心，努力排干扰。扼要做笔记，动脑多思考。课后须复习，回忆第一条。看书要深思，消化细咀嚼。本书针对学生如何提高理科学习能力进行了系统而深入的分析和探讨，并给予了切实的指导，对中小学生颇有启发意义，具有很强的系统性、实用性、实践性和指导性。

11.《组织阅读科学故事》

在我们生活的各个角落，疑问几乎无处不在，而这些疑问往往能激发孩子们珍贵的求知欲，它能引领孩子们正确的认识和了解世界，并进一步地探知世界的奥秘，是早期教育最为关键的环节。为了让孩子们更好的把握时代的脉搏，做知识的文人，我们特此编写了这本书，该书真正迎合了青少年的心理，内容涵盖广泛，情节生动鲜活，无形中破解孩子们心中的疑团，并且本书生动有趣，是青少年最佳的课外读物。

12.《培养科学幻想思维》

幻想思维是指与某种愿望相结合并且指向未来的一种想象，由于幻想在人们的创造活动中起着重要作用，在发明创造活动中应鼓励人们对事物进行各种各样的幻想. 幻想思维可以使人们的思想开阔、思维奔放，因此它在创造中的作用是显而易见的。本书针对学校如何培养学生的幻想思维进行了系统而深入的分析和探讨，并给予了切实的指导，对中小学生颇有启发意义，具有很强的系统性、实用性、实践性和指导性。

13.《培养科学兴趣爱好》

怎样让学生对科学产生兴趣？这是很多老师都想得到的答案。想学好科学，兴趣很关键。其实，生活中的许多小细节都蕴涵着丰富的科学知识，大家完全可以因地制宜，为学生创造个良好的环境，尽量给学生提供不同的机会接触各种活动。本书针对学校如何培养学生的科学兴趣爱好进行了系统而深入的分析和探讨，并给予了切实的指导，对中小学生颇有启发意义，具有很强的系统性、实用性、实践性和指导性。

14.《培养学习发明创造》

发明创造是科学技术繁荣昌盛的标志和民族进取精神的体现。有学者预言，二十一世纪将是一个创造的世纪，而迎接这个创造世纪的主人，正是我们那些在校学习的孩子们。因此对青少年进行发明创造教育，就显得极其重要了。心理学家研究表明，青少年的好奇心正是他们探索世界，改造世界，产生创造欲望的心理基础。通过开展青少年发明创造活动，鼓励青少年去发现新问题，提出新设想，实现新目标，这是培养他们的创新精神，提高他们的创造力的最好途径。

15.《培养科学发现能力》

阿基米德在洗澡时发现了阿基米德定律，牛顿看到苹果落地，最终得出了牛顿第一运动定律。在科学史上，这样的事例还有很多，它证明科学并不神秘，真理并不遥远，只要我们能见微知著，善于发问，并不断探索，那么，当你解答了若干个问题之后，就能发现真理。本书针对学校如何培养学生的科学发现能力进行了系统而深入的分析和探讨，并给予了切实的指导，对中小学生颇有启发意义，具有很强的系统性、实用性、实践性和指导性。

16.《组织实验制作发明》

科学并不神秘，更没有什么决定科学力量的“魔法石”，科学的本质在于好奇心和造福人类的理想驱使下的探索和创新。自然喜欢保守她的奥秘，往往不直接回应我们的追问，但只要善于思考、勤于动手、大胆假设、小心求证，每个人都能像科学大师一样——用永无止境的探索创新来开创人类的文明。本书针对学校如何组织学生实验制作发明进行了系统而深入的分析和探讨，并给予了切实的指导，对中小学生颇有启发意义，具有很强的系统性、实用性、实践性和指导性。

17.《组织参观科普场馆》

本书集中介绍了全国多家专题性科普场馆。这些场馆涉及天文、地质、地震、农业、生物、造船、汽车、交通、邮政、电信、风电、环保、公安、银行、纺织服饰、中医药等多个行业和学科领域。本书再现了科普场馆的精彩场景；科普场馆的基本概况、精彩展项、地理位置、开放时间、联系方式等多板块、多角度信息，全面展示了科普场馆的风采，吸引读者走进科普场馆一探究竟。本书是一本科普读物，更是一本参观游览的实用指南。通过本书的介绍能让更多的观众走进科普场馆。

18.《组织探索科学奥秘》

作为智慧生物的人类自诞生之日起就开始了漫长的探索进程，人类的发展史就是一部探索科学、利用科学史。镭的发现，为人类探索原子世界的奥秘打开了大门。万有引力的发现，使人们对天体的运动不在感到神秘。进化论的提出，让人类知道了自身的来历……探索让人类了解生命的起源秘密，探索让人类掌握战胜自然的能力，探索让人类不断进步，探索让人类完善自己。尽管宇宙无垠、奥秘无穷，但作为地球的主宰者，却从未停下探索的步伐。因为人类明白：科学无终点，探索无穷期。

19.《组织体验科技生活》

科技总是不断在进步着，并且改变着我们的生活，让我们的生活变得更加多彩。学校科学技术普及的目的是使广大青年学生了解科学技术的发展，掌握必要的知识、技能，培养他们对科学技术的兴趣和爱好，增强他们的创新精神和实践能力，引导他们树立科学思想、科学态度，帮助他们逐步形成科学的世界观和方法论。本书针对学校如何组织学生体验科技生活进行了系统而深入的分析和探讨，并给予了切实的指导，对中小学生颇有启发意义，具有很强的系统性、实用性、实践性和指导性。

20.《组织科技教学创新》

现在大家提倡素质教育，科学素质是素质教育的重要组成部分，学生科学素质培养的核心是培养学生的创新精神和创新能力，创新能力的培养、开发应从幼儿开始，在长期的教学、训练过程中逐步形成和发展。小学科技教学，在培养学生创新精神和创新能力中，起着举足轻重的作用。帮助学生树立新的观念，主动地、富有兴趣地学习新的科学知识，去观察、探索、实验现实生活乃至自然界的问题，在课内外展开研究性的教学活动等，是行之有效的。但是，科技活动辅导任重而道远，这就要求科技课教师不断探索辅导方法，不断提高辅导水平，为全面推进素质教育，实施科教兴国战略奠定坚实的人才和知识基础。

由于时间、经验的关系，本书在编写等方面，必定存在不足和错误之处，衷心希望各界读者、一线教师及教育界人士批评指正。

编者

目　录

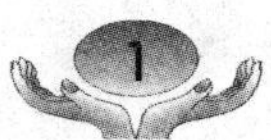

第一章

学生提高文科能力理论指导

1. 文科学习的基本特征

为适应教育改革发展的要求，探索培养学生创新意识和实践能力的途径与方法，认识到综合文科学习与传统分科学习有本质的区别，它具有自主性、主题性、过程性、应用性、体验性、团队性、反思性与总结性等一些基本特征。

自主性

传统的分科教学在很大程度上是一个教师单向向学生灌输知识和学生被动接受知识的过程。教师是课堂教学的主宰。“要给学生一杯水，自己要有一桶水”这种对教师的要求，生动形象地说明教师的工作就是从自己的“桶”里往学生的“杯子”里倒水，学生的学习就是用“杯子”接受教师倒出来的“水”。

综合文科强调学习的自主性，强调学生的发展是在学生自主学习与外部条件的相互作用中能动地生成、构建的。要求学生在教师的指导下，自主地选择主题、制订计划、收集材料、整理分析材料、提出观点、论证观点、形成成果、自主评价等。学习的自主性是尊重人的发展规律和学习规律的客观要求，是创新意识和实践能力形成的最基本要素。

主题性

严格按照学科划分，系统学习学科知识是传统分科学习的基本特征。这种学习方式适应了近代以来知识分门别类的进程不断加快，职业领域的分化越来越细的需要，为国家培养专门性人才做出了贡献。但由于学科划分过细、过窄，造成相当数量的学生因分科过早、过细而导致发展的片面性。

主题学习是由综合文科知识内容的整体性决定的。它不是将繁杂的学科知识简单地摆在学生面前，更不是零散地灌输各学科相互割裂的细碎的知识，而是通过主题形式整合各个学科的知识。我们在设计综合文科内容体系时就是以人与自然、人与社会和人与自身为主线，在三个关系中确定若干个主题开展学习与研究。在学习与研究中整合政治、经济、历史、地理、科技、文化、艺术等方面的知识，使学生走出过窄的学科限制，进入有多学科知识背景的通才之列。这种知识的整合是信息时代不同知识走向综合、不同类型职业相互交流、培养综合人才的客观要求。

过程性

重视学习结果是传统分科学习的重要特征。在课堂上学生接受、理解、记忆，有时是没有理解的记忆。教师传授知识，然后通过不断地重复和大量练习，使自己最好能“一字不差”地将教师传授的知识“再现”出来。在这种情况下，考试成为评价学习结果的唯一方式，分数成为评价学生学习状况的唯一依据，至于学生是通过什么样的过程、使用什么样的方法获得学习结果是无关紧要的。

综合文科的学习不仅仅关注学习结果，更重视学习过程，重视在学习过程中总结学习方法、思维方法和提高思维水平，注重掌握调查、观察、收集信息、整理信息以及现代信息技术等科学研究的方法和技能，注重在学习过程中学生与学生、学生与教师之间的交流及情感体验等。在综合课学习的过程中，要学习知识，但它并不是一种知识教育。学习者关键是能否对所学知识、信息有所选择、判断、解释、运用，从而有所发现、有所创新。

应用性

对知识本身的关注，对现成结论的认知记忆、理解，是传统分科学习的特点。这种学习把主要精力放在了概念的学习上。通过概念来了解事物的性质、规则的学习以理解概念之间的联系上。而在传统分科学习中所谓的“应用”，则主要是指重复性练习，还未能实现运用所学知识解决实际问题。

综合文科的学习重点在于问题的解决，在于知识技能的应用，在于引导学生运用科学的方法，分析、解决人与自然、人与社会、人与自己关系中有价值、有意义的现实问题，学会在学习中应用、在应用中学习，而不在于掌握知识的量，是质与量的统一。这是它与一般的知识、技能学习的根本区别，也是创新意识与创新能力形成的根本途径。

体验性

注重间接知识的学习，帮助学生尽可能多地获得间接经验是传统分科教学的特征。直接经验被看作是间接经验的附属品，是帮助学生获得间接经验的手段和工具。在传统分科学习中还十分强调学习过程中的理性认识，忽视感性认识。

综合文科的学习不仅重视间接经验，而且重视直接经验；不仅重视学习过程中的理性认识，如方法的掌握、能力的提高等，还十分重视感性认识，即学习的体验。这是信息社会发展的客观要求。由于信息技术的发展，帮助学生获取间接经验可以说不再是教育的唯一目的。重视让学生了解获得结果和结论的过程，甚至让学生亲自进行知识的探索活动，是综合文科的一个重要特点。无论是对直接经验、感性认识的重视，还是对探索过程的强调，都是为了在教育中培养学生的实践能力和创新意识。

另外，综合文科重视在学习、探究中逐步养成善于质疑、乐于探索、勤于动手、努力求知的积极态度；在学习、探究中建立信心、锤炼意志，形成克服困难的勇气、敢为天下先的豪气，激发探索、创新的欲望等，重视学生情感体验，丰富学生的情感。

团队性

由于传统分科学习注重间接知识、现成结论的理解和把握，是一种简单、被动接受式的学习，不重视学习者之间的合作，因此，团队精神、合作意识的培养难以实现。

综合文科的学习主张全体学生和教师的积极参与，既重结果更重过程。在这里，每一个学习者都可能通过学习提高自己的创造意识和能力。由于综合文科的学习是问题解决的学习，是应用性学习，在面对复杂的综合性问题时，就需要依靠学习伙伴的集体智慧和分工协作，需要师生的共同参与与合作。

因此，综合文科学习的组织形式是独立学习与合作学习的结合，其中合作学习占有重要的地位。在共同制定计划方案、共同调查研究、共同收集整理分析资料、形成共同成果中提高学习水平和研究能力，体验合作学习的方法和情感，明确自己的角色，发挥自己作用，提高协调自身与团队关系的能力，培养团队精神和合作意识。

反思性、总结性

由于综合文科学习面对的是具有应用性、研究性、综合性的问题，因此必须重视学习过程中的反思和总结，不断地调整学习心态，克服学习困难，提高学习水平，建立新的观念等，以实现提高自我、超越自我的目的。

综合文科的学习是建立在现代信息技术的基础上，利用多媒体信息技术进行学习的，因而形成了学习信息源的多样性与丰富性、学习过程的交互性、学习成果网络化等特点。

从以上分析看，综合文科的学习旨在帮助学生学会学习，学会分析研究人与自然、人与社会、人与自身关系中的现实问题，学会探讨解决问题的方法等，帮助学生树立终身学习的观念。在这个过程中不断培养学生的实践能力、创新意识和创造力。

2. 文科学习中存在的主要问题

中学的文、理科：文科主要是社会科学，包括语文、英语、政史地，理科主要是自然科学，包括数、理、化、生物。中学阶段，文科的学习主要是记忆、理解和应用，再要求高一点，就是要创新，形成的看法、观点，生成新知识的过程。

我们对高三文科生的学习方法问题进行调查，发现很多学生尚未能很好地“学会学习”。主要表现为：

对学科知识缺乏认识

对文科各学科的学科特点和学科知识体系缺乏认识。认为学文科就是一个字：“背”，背书、背题。不少学生因为基础差而选报文科。

学习过程缺乏主动性

如过分地依赖对教材的阅读而很少采用做笔记、卡片等更有效的文科学习方式；很少带着问题阅读教材，变成了阅读就是背书。上课时大部分学生仅满足于听懂，记一记笔记留课后复习，还有些学生听课时开小差不记笔记，或充当录音机的角色，把老师所讲的一字不漏地记录下来，有效思考，积极参与课堂的学生不多或占用的时间不长。还有些学生听课时看起来很认真，但不善于寻找重点和难点，找不到学习上的突破口，眉毛胡子一把抓，全面出击，结果分散和浪费了时间与精力。

没有掌握科学的记忆方法

毫无疑问，文科各学科主体知识系统的基础还是必须识记的，这是学好文科的基础，也是顺利应试的前提。有研究表明，课后马上测试，一般学生能够记住老师讲课内容的*50%*，*48* 小时后只能记住其中的25%，隔两周后再回忆，记住的大约只有8.4%了。可见，记忆是有规律可循的。调查表明，无论是识记的内容还是识记的方法，很多学生都未必能很好地掌握了，这既不利于知识的巩固，也不利于备考。

不能形成知识结构

知识结构是知识体系在学生头脑中的内化反映，也就是指知识经过学生输入、加工、储存过程而在头脑中形成的有序的组织状态。构建一定的知识结构在学习中是很重要的。

如果没有合理的知识结构，再多的知识也只能成为一盘散沙，无法发挥出它们应有的功效。有的学生单元测验成绩很好，可一到综合考试就不行了，其原因也往往在于他们没有掌握知识间的联系，没有形成相应的知识结构。这种学生对所学内容与学科之间，对各章节之间不及时总结归纳整理，致使知识基本上处于割裂状态。这种零散的知识很容易遗忘，也很容易张冠李戴。

理论与实际脱离

理论知识与实际问题相结合是非常重要而有效的学习方法，所谓“学而必习，习又必行”。不少学生只满足于学习书本上的知识，不善于在实践中学习、在实践中运用，不能用所学知识解决实际问题。

3. 学好文科的六个基本环节

每个学生都想走上学习的成功之路，考上理想的大学。有人说，学习只要刻苦用功，就一定会取得成功，这话在人才济济的今天，显得特别的苍白。要想走上成功路，除了刻苦的学习态度外，还要具有强大的学习动力和良好的身体与心理素质，更重要的，还必须掌握科学的学习方法。学习得法，事半功倍，不但能帮助学生在高考中取得

优异成绩，更能成为一个人的宝贵财富而让人终身受益。

学会阅读

阅读是“学习之母”。它既是学习的开端，也有助于提高学习效率。有研究表明，阅读后的记忆率要比听讲后的记忆率高出1.66倍。那么，应该怎样阅读文科教材？

（1）把握知识结构

要经常看看目录及其教材内各章节下的子目，把握知识结构。

目录及其子目录具有高度的浓缩性、完整的系统性和严密的逻辑性等特点，它能体现各章节、各子目之间的关系和核心内容，因而是学习的导游图，经常加以浏览，就能对教材的主要内容及其相互间的关系了然于胸。

（2）阅读时寻找“灵魂”

社会学科具有强烈的人文性。因此，要多想想编者为什么要把这一内容放进教材？他想借此说明什么问题？又是通过什么材料来说明问题的？重视对这些问题的思考，有助于养成从教材中获取有效信息的能力，有助于培养分析和解决问题的能力。

（3）明确学习目标

确定并用各种标记划出学习目标，以便于日后复习时一目了然，更可以明确基本的知识点。要善于把一个个学习目标和标题变成问题对自己提问。

（4）学会做阅读笔记

一方面把阅读后的知识用自己的理解进行整理，形成自己理解的体系；另一方面把自己觉得很重要的以及理解不太透的问题摘录下来。

课前预习

课前预习是高效地学习新课的基础，但不少文科生对教材的预习向来是忽视的，其后果是听课时心中无数甚至于是不得要领，只得忙于生吞活剥教师讲授的东西。不进行课前预习，除了认识上的原因，时间过于紧张也是客观原因。要想形成独立思考的能力，掌握学习的主动权，使学习进入良性循环，并保持较高的效率就不能不重视课前预习。那么，怎样预习？

复习、巩固和补习有关已学的旧知识，找出新课中自己不理解的问题，并把理解不透的记下来。

初步弄清新课中的基本内容是什么？这些知识内容在原有的基础上向前发展了什么？并找出书中的重点、难点和自己费解的地方。

预习时要看、思、做结合进行。看：一般是把新课通读一遍，然后用笔勾画出书上的重要内容。需要查的就去查一查；需要想的就应该认真想一想；需要记的就应该记下来。思：指有的时候要想，做到低头看书，抬头思考，手在写题，脑在思考。做：在看的过程中，需要动手做的准备工作以及对课本后的练习题要进行尝试性的做一做，问答题答一答。不会做，不会答可以再预习，也可以记下来。预习以后，还要合上书本，小结一下。这样做能使自己对新教材有更深刻的印象。

专心听课

听课，是指倾听，是指在听的过程中用脑吸收词或句的含义，在此基础上理解事实和概念，并尽量将它转化为记忆。要听好课，应当做好下列几件事：

专心致志，全神贯注。注意力的高度集中是听好课的关键；开动脑筋，积极思考。孔子云：“学而不思则罔，思而不学则殆。”可见开动脑筋积极思考，是学习自觉性、主动性的重要标志。只有开动脑筋，才能加深对所学的知识的理解，尝到学习的甜头，从而进一步形成笃志好学、孜孜以求的学习精神。

抓住特点，因科制宜。每一门学科，都有适应这门学科特点的学

习方法。不同的学科有不同的学法，也就有相应的听课方法；选择重点，记好笔记。听课中记笔记是很重要的。应该学着记笔记，提高记笔记的能力。如：记听课的重点；记难于理解的；记课本上没有的。

抓住机会，当堂记忆。知识的掌握若没有记忆的参与是不可想象的。在听课过程中，应该抓住机会默诵强记，认真做好课堂练习。

在听课问题上，要注意消除以下两种常见的坏习惯：认为课乏味或是挑剔讲课老师而不认真听，这会导致有用信息的遗漏；分心，在上课的时候“兼顾”其它学科的学习，这当然会“担惊受怕”，学习效果可想而知。

做好笔记

记笔记有助于眼、耳、脑、手密切配合，多种器官刺激大脑，有助于集中精力，积极思考，强化记忆，从而提高学习效果。同时，教师在课堂上讲的内容与教材相比，有时会更有层次性、逻辑性，或是更显浅易懂，记笔记有助于对教材的理解。怎样做笔记？学会预习与听课，是记好笔记的前提。

平时的课，一般要求要把老师的授课提纲记下来，但作为高三的课，这已不是重点。需记的重点有：重要的概念、结论及其分析；重要的知识归类或知识框架；精典的例子或练习题；教师对某些问题的新见解和思考方法。记笔记是为了应用。笔记应多次复习，使其作用得到充分发挥。根据记忆的规律，一般应在对其内容记忆犹新的时候结合笔记的整理进行一次较为仔细的复习。当笔记“冷却”时，再复习一遍，强化识记，看看是否有新的疑问，尤其要注意各部分笔记在整个知识体系中的互相关联。

加强练习

高三的特征之一就是练习多。面对题海，应该怎么办呢？

进入高三后，需要在老师的指导下，选择一些较好的复习资料以备用。有了这些资料后，就应有计划地、踏踏实实地去逐步完成。在练习问题上，切忌收集了许多资料，今天做这一份，明天做那一份，到头来就很难做到“系统”和“全面”。

要重视老师布置的自行设计的练习题。复习资料一般都是面对一个较大的使用群体，对个体的你未必适合。一个优秀的老师一定会根据自己所教学生的实际情况、根据高考的形势，设计一些更具有针对性的练习题，供学生们选用。为此，我们更应认真对待。

对典型题目要认真研究。典型题目一般有三类，一是较好的高考题，特别是列入了高考《考试说明》“题型示例”中的例证题；二是教师们设计的对某一类专题有“范例”意义的练习题；三是自己常出错的题，要认真研究，寻找错因。

及时复习

在高三年级，复习是学习中最重要最关键的一环，这里的复习主要是指课后的复习。遗忘是个连续不断的过程，复习则是战胜遗忘的利器，它当然也应当连续不断地进行。不过，课后复习的目的不仅仅在于巩固已学过的知识，而且还要掌握新的知识。高三文科的课后复习应该怎样进行？

重视考刚，要抓住“学科主体知识范围内”的主要学习目标。由于是高考，所以具体的考试内容每年都有所调整，这就需要重视考纲。要想事半功倍地进行高三的复习，就务必要重视考纲并在考纲的指导下进行。

构建知识网络。随着学习的推进，构建知识网络就成为一种行之有效的复习方法。在复习时要把教材、参考书和练习册结合起来，在掌握教材的基本原理、概念的基础上，有选择地做些练习。尤其是应多做些变式训练，不要机械地模仿一种思路，可以有计划地寻找或自编一些变式训练题，以锻炼自己独立思考、积极思维的能力。

整理与充实笔记，对知识进行归类，使知识深化、简化、条理化，并按规律去加强记忆。

4. 文科常用的读书方法

读书方法是学习方法中最基本的方法之一。科学的读书方法，有利于同学们掌握学习主动权，有利于同学们获得终生受用的自学能力，养成认真读书和独立思考的习惯。

做笔记法

做笔记好处多、形式多。做到：读书时手中有支笔，可随时做批语式、符号式、摘录式、提纲式、心得式等笔记。如摘读法，这种读书方法的重点在于有目的地一边阅读，一边摘录自己所需要的有关内容，摘录要写上什么时候、摘于什么书刊、作者是谁。

查读法

它的重点在于利用工具书查明阅读中碰到的字词的音、形、义，并结合文章的上下文做基本掌握。

划读法

它的重点在于阅读时边读边准确地划出有关内容，便于理解应用和查考。它的目的在于有重点的掌握阅读中所需要的内容，便于攻克难点，解除疑点，培养学生按要求找划内容的阅读能力。

询读法

它的重点在于阅读中发现疑问，做出标记或摘录下来，通过询问别人解决问题。它的目的在于使学生树立“能者为师”，“不耻下问”的治学观点，培养解决问题的能力和虚心好学的精神。

理读法

它的目的和重点在于通过阅读理清文章的思路。它要求学生反复

琢磨文章的标题，分析文章的结构、层次，划分段落，列出提纲，理解文章主题思想和中心线索，掌握文章思路，有规律地加以思想分析和结构分析。

议读法

它的目的和重点在于通过议论，发展学生的思维，解决阅读中的疑难问题。它要求同学们在阅读过程中抓住关键问题，提出自己的见解并找出依据，然后与同学、老师共同议论，包括评论、争论，各抒己见，进行探讨。

疑读法

“学贵有疑”。它的目的和重点在于阅读过程中发现问题，提出问题，培养思考的习惯。它要求同学们在阅读中善于质疑问难，边读边想，发现疑问，然后带着疑问去查读、询读，去解决问题。有思才称为学，有思才有所得，有思才可能有成就。在读的基础上要思考、思考、再思考。读思结合是成功之法。深思之法有：审题初思，读中回想；多方激疑，以疑激思；循规而思，切勿乱思；独立思考，凝神静思；多方联想，善于深思；抑不强思，憩而再思。

避阅法

它是指在阅读中对经过努力解决不了的问题或无重要意义的内容以及自己了解的内容，避而不读。它能培养同学们从实际出发，抓住主要矛盾，避轻就重的选择能力。

实践法

学以致用，知要与行结合。这是加深理解和巩固知识所不可缺少的环节。

联读法

它重在对自己已有的知识回头看，联系旧知识学习新知识。要求同学们把阅读新作品与旧作品结合，使知识系统化，既有效地复习旧知识，又较好地学习新知识。目的在于逐步学会整理知识的方法，提高联想和综合能力。

逆读法

它要求从全书之末，即从书的最后章节开始读。同学们在开读时必然会遇到各种疑问，这样会存疑于胸中。要求同学们在逆读过程追根寻源，由果及因，存疑之点就能迎刃而解。目的是通过逆读过程中的重重障碍去激发大家思考和主动探索的精神，达到牢固地掌握知识的目的。

改读法

其重点在于解放思想，不迷信作者，经过自己分析、研究，发扬“挑剔”精神，抱着探索的态度，将自己认为正确的东西，与作者的观点进行比较，敢于对不尽科学的东西，提出改动意见。

5. 文科话题写作的技巧

话题作文，就是围绕一个话题，运用联想、想象、辩证、批判、发散、聚敛等多种思维方法，运用记叙、议论、描写、说明、抒情等多种表达方式写出来的文章。在这个过程中，体现对这个话题的认识或观照。那么怎样才能写出一篇令人耳目一新，别具一格的文章呢？除了平时要做生活和学习的有心人，广泛阅读积累、勤于思考练笔外，还要掌握一些关键的写作技巧。如：

文章标题要有“韵味”

标题是一篇文章的眼睛和灵魂。在话题作文中，命题具有开放性，一般是围绕话题自拟标题。在这里我们只需对近两年成功的中考作文标题稍加分析，便可看到其超人的魅力。这些标题从总体上可以分为三类：一类是借鉴引用式，如《尊重是金》、《常回家看看》、《不要忘却孩子的尊严》、《关心，宛如平常一段歌》等；二类是修辞口语式，如《父爱如琥珀》、《我发现人生如棋》、《我们最需要什么》、《妈妈，请您原谅》等；三是悬念奇语式，如《不要理解》、《与孤独结为兄弟》、《我发现他们都很虚伪》等。这些作文标题的“韵味”集中体现在角度新颖和意蕴含蓄、清新明朗上。

文章立意要有“新味”

如果说标题是文章的窗口，那么立意便是窗口内不可缺少的风景。怎样使那些风景更美更新？首先，我们要把握时代脉搏，关注社会热点，从新鲜的现实生活中不断发现新问题新矛盾。然后找出分析问题、解决问题的新角度、新办法。如何才能确立富于启发意味的新立意呢？具体来说可以从以下两个方面进行。

（1）运用求异思维

运用求异思维，反向、侧向思考问题，提出与正面或常见观点完全不同的观点。比如由“良药苦口利于病，忠言逆耳利于行”反思良药裹糖衣，人们更爱吃，同样利于病，进而联想到做思想工作关键在于以理服人，以情动人，不一定要逆耳。推心置腹，促膝相谈，犹如春风化雨，更使人茅塞顿开，心悦诚服。

（2）运用多向思维

运用多向思维，从多个方面观察问题，努力寻找新的见解。对老题材，则更要在这种多向思维中“发前人之所未发”，对生活进行挖掘，找到与众不同的独特感受，正如歌德所言：“独创性的一个最好的标志，就在于选择题材之后，能把它加以充分发挥，从而使大家承认压根儿想不到会在这个题材里发现那么多新东西。”比如对“雪”这个话题，既可以赞美雪的纯洁无瑕，赞美它滋润万物的献身精神；也可鞭挞雪的冷漠无情，所到之处雪压冰封，万木萧条；还可鞭挞雪的虚伪懦弱，以洁白的外表掩饰世间本来的面目。运用多向思维便能得出新颖的观点。

文章主题要有“深味”

所谓“深味”，就是揭示主题深刻，能给人以警示和启迪。那么怎样来探求文章主题的“深味”呢？首先要透过事物的表象，把具体的人和事放到一定的时代和社会中审视，发掘其社会意义。比如一中考作文《我发现爸爸变了》，文章写一个精明能干统摄全家的父亲，由于观念上的原因，经常与“我”发生冲突，最后，在很多事情的冲击下，父亲的思想逐渐发生变化，慢慢地与时代接轨。作者以较成熟的笔法描述了个人的观念在时代冲击下的变迁历程，具有一定的社会意义。其次，是以小见大，透过平凡的生活琐事，挖掘其蕴涵的哲理。如一篇中考作文《带着理解上路》，从生活中一些小事挖掘出“要别人理解，首先要理解别人”这一生活的哲理。再如*1999*年上海市中考作文以“生活中的发现”为话题，有的考生从平凡的生活中感悟出许多真知，“我发现生活不会相信眼泪，只有勇敢面对困难，奇迹才会在厄运中诞生。”“我发现生活在于过程，而不在于时间，一个有意义的生命，才是最完美的生命。”

文章内容要有“情味”

法国启蒙思想家狄德罗也有一句名言：“没有感情这个品质，任何笔调都不能打动人心。”那么怎样的“情”才能动人？毫无疑问只有真情。任何矫情都应该摒弃，因此我们在写作中就一定要写出自己的真实感受。很多同学对身边的人和事熟视无睹，抱怨生活的平淡无奇，缺乏写作素材，因而就捏造一些不真实的人和事，其实这是一种误区。只要留心观察，我们就可从司空见惯的事物中发现生活的美，这样写出的文章才最真实、最亲切、最能令人动容。当然一篇好的文章除了真情外，还要有好的语言。

文章语言要有“诗味”

这里所说的“诗味”，指的是“文采”，即文学意味，具体地说就是指语言要生动、形象，句式要灵活多变，用词要丰富准确，还要善于使用多种修辞，诸如比喻、借代、拟人、反问、夸张、对偶、双关、互文、反复等。

此外，还可以活用伟人名言、古人名句来美化语言，充实内容，使文句生动丰满、含蓄深邃；可以借用一些歌词、广告语、社会流行语、民间俗语、俚语、谚语，使文章生动活泼，充满个性。

6. 文科学习方法及考场技巧

学文科，要“死”去“活”来。历史学科，有很多需要背诵的东西，人物、事件、年代、一些历史史料的要点等等。有些材料，只能“死”记。要靠多次反复强化记忆。历史课是一门机械死记量比较大的学科。但是在考试时，却要把死记的材料灵活运用，这就不仅要记得牢，记得死，还要理解，理解得活。是谓：“死”去“活”来。不单学历史，学地理，学政治，以至学理化生物，都需要“死”去“活”来。

“多出妙手不如减少失误”。这是韩国著名棋手李昌镐的一句经验之谈。他谈的是下棋，但对我们考试也不无借鉴意义，特别是对那些学习比较好成绩比较好的学生，要取得出色的成绩，创造高分，减少失误是为至要。

文科学习方法

(1) 地毯式扫荡

先把该复习的基础知识全面过一遍。追求的是尽可能全面不要有

遗漏。

(2) 融会贯通

找到知识之间的联系。把每一章每一节的知识之间的联系找到。追求的是从局部到全局，从全局中把握局部。

(3) 知识的运用

做题，做各种各样的题。力求通过多种形式的解题去练习运用知识。掌握各种解题思路，通过解题锻炼分析问题解决问题的能力。

(4) 捡“渣子”

即查漏补缺。通过复习的反复，一方面强化知识，强化记忆，一方面寻找差错，弥补遗漏。求得更全面更深入的把握知识提高能力。

(5)“翻饼烙饼”

复习犹如“烙饼”，需要翻几个个儿才能熟透，不翻几个个儿就要夹生。记忆也需要强化，不反复强化也难以记牢。因此，复习总得两三遍才能完成。

文科考场技巧

考试成绩如何，关键在于考生对本课程知识掌握的深度和广度，从认知过程而言，对付考试是没有什么技巧，也不鼓励投机取巧，但是，在应试过程中，注意一些具体方法，对提高考试成绩是会有所帮助的。

考生拿到试卷后不要忙于先看题目，要先写好姓名、准考证号、座位号。要按监考老师的提醒，清点一下试卷是否齐全，检查一下卷面印刷是否清楚。如果发现有漏页、错页或印刷字迹模糊的情况，应及时向监考老师提出，以便及时得到调换。

(1) 要仔细审题

在考试的过程中，解答每一道题都要先审题。审题要弄清题意，不要“定题”。不仔细审题，容易答错、答偏。审题时不能粗枝大叶，不能想当然，不能操之过急，特别是那些形式上类似以前曾经做过的题目，要特别注意。有的考生将考题匆匆看一眼，认为题目似乎与自己复习中遇到的相同，就按原来的思路下笔解答，结果文不对题，成绩大打折扣。审题不可求快，文字较长的题目要稳下心仔细阅读。

（2）要认真答题

答题的程序有两种：根据答题的时间分配，采用先易后难的程序；按照试卷编排的程序一道一道地往下答，如果遇到难题或一时答不出来的题目，先跳过去往下答。究竟采用哪一种答题程序，可根据自己的习惯进行选择，不管采用哪一种答题程序，在做完全部试题以后，都要认真检查，逐一复核，查漏补缺，检查时最好重新审题，防止误答和漏答。答题要完整准确，条理清楚，要点突出，书写规范。考生答题要完整，该说的话要说够，不能丢三拉四，切忌不分段，不分点写下来，那样眉目不清，难以取得高分，但也不必过于啰嗦，有关无关的话扯一大通，让评卷老师找要点，这样多花时间还得不到好成绩。对于计算题，要把计算过程清楚地反映在答题过程中，一步一步解答，有利于成绩的评定。答题时字迹清楚，不要过于潦草，让人难以辨认。

同时，考试时应避免提前离开考场，应避免留下空白题。考试结束前，考生应对所有答题反复核查。对于那些没有把握的答题，应着重以宏观角度去阐述。做到自圆其说，并尽量做完所有题目，不留空白题。

7. 如何养成学习文科的好习惯

帮助学生养成好的学习习惯是素质教育的第一要素，那么如何养成学习文科的好习惯呢？主要从留心观察、随时练笔、精于修改、积累资料、思辨感悟的几个方面来叙述。

留心观察的习惯

《语文学习》杂志的封面上写着这样一句话："语文学习的外延与生活的外延相等。"作为中学生，要做生活的有心人，养成随时随地观察生活的习惯。这不仅是学好学科的需要，也是一种积极向上、热爱生活的表现。优秀的作家能写出感人的作品，是因为他们是生活的有心人；牛顿由苹果落地而研究出万有引力定律，瓦特从水壶被蒸气冲开而发明蒸气机，都是他们留心观察生活的结果。我们平时应注意观察生活，迅速、准确、完整地感受生活，见微而知著，从表面微不足道的、人们习以为常、熟视无睹的现象中发现素材。

随时练笔的习惯

练笔包括两个方面：在读书看报的时候要勤做笔记，随时积累有用的知识，养成动笔的习惯。圈点书报中的生字难词、关键语句；批注精妙之处；品评文章的篇章结构、语言特色；评论内容情节、人物形象。无论是来自课文的震撼，还是报刊中的启发，只要有灵感的火花闪现，都应及时地积累贮藏，临到用时，就会水到渠成。要养成写日记的习惯，记下生活中的真善美、假恶丑，记下自己的所见所闻、酸甜苦辣，丰富自己的思想底蕴，从而积累素材，提高写作能力。

精于修改的习惯

人们常说好文章是改出来的。修改是写文章的一个重要环节，我们在学习中必须养成修改的习惯，要从遣词造句、标点符号、修辞运用、段落层次、选材立意、语言风格等方面，进行认真的推敲和修改，精益求精，改出精品。同时，老师发下作业之后，不能只看分数或正误，更不能放在一旁了事。须知老师对作业的批改和评语，对学生来说是一种信息反馈，可以使我们调控目标，纠正错误，找出差距，明确方向。对错误之处，应在弄懂的基础上及时修改。

积累资料的习惯

作家秦牧说，写作要建立"直接材料仓库"和"间接材料仓库"，

前者贮备从生活中得来的材料，后者贮备从书籍和资料中得来的材料。平时养成剪贴摘抄、结集贮存的习惯，在阅读中把那些与自己学习有关的语句、段落或重要材料等摘录下来，以便以后需要时使用；对那些名人佳句以及自己最为欣赏的绝妙之处，在赞赏之余，亦可摘录，从而既提高了自己的鉴赏能力，又使自己的言谈增加了文采。遇到来不及摘录的，可进行剪贴。对积累的资料，要分门别类地整理，并经常浏览，到用时就能得心应手，左右逢源。

思辨感悟的习惯

学起于思，思源于学。疑问是思维的火种，思维是阅读能力的核心。要养成良好的思维习惯，善于质疑，在预习课文中提出自己不懂的问题，在课堂学习中提出自己不同的见解，在课后巩固中提出自己不解的疑难。联系已有知识，从多方面逐步提出问题，然后静下心来，仔细回味，认真思考和感悟，并适时与他人交流，这样就可以思维敏捷，视野开阔，融会贯通，掌握打开知识大门的钥匙，成为学习的主人。

只要我们在文科学习中养成良好的习惯，就能够事半功倍，大大提高学习的效率。

8. 如何学会古诗鉴赏

学生学会古诗鉴赏主要包括：情景交融、对比衬托、借助修辞、托物言志、虚实结合、使用典故、渲染烘托等几个方面，下面来详细概述。

情景交融

将感情融会在自然景物或生活场景中，借对自然景物或生活场景

的描摹来抒发感情，是一种间接而含蓄的抒情方式。杜甫的诗句“好雨知时节，当春乃发生。随风潜入夜，润物细无声”，写景之中包含着对春雨的喜爱之情。而“感时花溅泪，恨别鸟惊心”则借景表达了诗人对国家的忧虑和对家人的思念。因事即理就着某一事情或画面的叙写阐明某种道理。苏轼的《题西林壁》“横看成岭侧成峰，远近高低各不同。不识庐山真面目，只缘身在此山中。”在对西林的景物描绘之后发表了富有哲理的议论。

对比衬托

在叙述和描写过程中，为了突出某些人物或事件而用其他人物或事件作为对照和陪衬。王维《鸟鸣涧》“人闲桂花落，夜静春山空。月出惊山鸟，时鸣春涧中”，用“花落”、“月出”、“鸟鸣”这样的动景写春涧的幽静，以动衬静，是反衬。这种表达技巧常见于怀古诗中，它往往通过今昔对比反映盛衰变化。李白的《越中览古》“越王勾践破吴归，战士还家尽锦衣。宫女如花满春殿，只今惟有鹧鸪飞”，通过对越宫遗址对比描写，表达盛衰无常的感慨。

借助修辞

诗词中用得较多的修辞有比喻、借代、排比、夸张、拟人、设问、反问等。贺铸《青玉案》“试问闲愁都几许？一川烟草，满城风絮，梅子黄时雨”，运用了设问、比喻、排比的修辞。李白《秋浦歌》“白发三千丈，缘愁似个长。不知明镜里，何处得秋霜”，运用了夸张、比喻。杜甫《江村》“自来自去梁上燕，相亲相爱水中鸥”运用了拟人的修辞格。

托物言志

借写某一物表明某一中心。如虞世南《蝉》“垂緌饮清露，流响出疏桐。居高声自远，非是借秋风”。托蝉言志：立身品格高洁的人，并不需要某种外在的凭借，自能声名远播。

虚实结合

虚写和实写相结合。李商隐的《夜雨寄北》“君问归期未有期，巴山夜雨涨秋池。何当共剪西窗烛？却话巴山夜雨时”。“巴山夜雨”是写实，“共剪西窗烛”是虚拟，表达作者对理想境界的追求。

使用典故

古诗词中常常运用典故，一方面使诗词内容更丰富，另一方面也给读者的理解增加了一定的难度。但在考题中出现的典故应是大多数考生熟悉的。如*1996*年高考题中出现的三个典故就是如此，“酾酒临江，横槊曹公”、“紫盖黄旗，多应借得，赤壁东风”、“南阳卧龙，成名八阵图中”，依次是曹操、孙权、诸葛亮。

渲染烘托

这两个词本是绘画的传统技法，在诗词中也经常用景物描写来渲染某种气氛，烘托人物的某种心情。王昌龄的《芙蓉楼送辛渐》“寒雨连江夜入吴，平明送客楚山孤。洛阳亲友如相问，一片冰心在玉壶”。首句“寒雨连江夜入吴”，迷蒙的烟雨笼罩着吴地的江天，织成了无边的愁网。夜雨增添了萧瑟的秋意，也渲染出离别的黯淡气氛，以大片淡墨染出满纸烟雨，用浩大的气魄烘托了“平明送客楚山孤”的开阔意境。

9. 如何分析和理解诗歌

诗歌的特点是内容集中、想象丰富、感情强烈、语言凝练、富有节奏、韵律和谐。要分析和理解诗歌，就要根据这些特点进行，其基本要领是：

整体感受

每一首好的诗歌都是一个完整的艺术品，阅读分析它，就要从整

体感受开始。而整体感受的最好方法就是反复朗读、吟诵，否则，是很难体味出诗情、诗意和诗味来的。

由表入里

唐代大诗人白居易说："诗者，根情，苗言。"就是说，言词只是诗的"苗"，是外在的意象；而其中的"情"才是诗的"根"。因此，分析理解诗歌，就要在朗读吟诵、整体感受的基础上，深入一步，由词句分析，深入内里，去寻求诗中含蕴的真情所在，而这"真情"才是诗的"根"，即中心思想。

如王磐的《朝天子·咏喇叭》：

喇叭，锁呐，
曲儿小腔儿大。
官船来往乱如麻，
全仗你抬身价。
军听了军愁，
民听了民怕。
那里去辨什么真共假？
眼见的吹翻了这家，
吹伤了那家，
只吹的水尽鹅飞罢！

作品的表象语言是咏喇叭，但在"官船来往乱如麻，全仗你抬身价"的内里，又蕴涵着诗人对官家作威作福的无比反感；而在"只吹的水尽鹅飞罢"的内里，又深刻地蕴涵着诗人对"民穷财尽、家破人亡"的现实的极端仇恨的感情。

捕捉意境

意境是诗人借助于多种艺术手法而创造出来的情景交融、虚实相生、物我同感的一种艺术境界，是诗情和画意的统一。因此，意境既是诗人作诗的最高艺术境界，又是理解诗作的窗口，读者要捕捉到诗人创造的意境，才能窥见诗的堂奥。要捕捉到诗的意境，就要借助于丰富的联想和想象，通过联想和想象，将诗的语言化作生动具体的画面，然后体味作品的底蕴与作者的“根情”所在，这样，就捕捉到诗歌的意境了。

品味含蓄

严羽说，诗是“言有尽而意无穷”。钱钟书说：“理之在诗，如水中盐、蜜中花，体匿性存，无痕有味。”这就是说，诗的丰富内涵和深层意蕴不是显露于外的，只有通过读者的反复品味，才能体味到蕴涵于内的味道，发现诗的含蓄之美。如《朝天子·咏喇叭》中的“只吹的水尽鹅飞罢”，就是一个范例。

领略节奏感

富于音韵美、节奏感是诗歌的重要特征。正如郭沫若所说，节奏之于诗是它的外形，也是它的生命，我们可以说没有哪首诗是没有节奏的，没有节奏的便不是诗。因此，欣赏、理解诗歌要善于反复吟诵，感受音韵之美，领略节奏之感。

10. 学习散文的基础知识

散文是泛指那些不讲究骈偶押韵的文体。今天我们所说的散文是与小说、戏剧、诗歌并称的一种文学体裁，专指用凝练、生动、优美的文学语言写成的叙事、记人、状物、写景、喻理的短小精悍的文艺性文体。

散文的选材范围海阔天空，表现形式灵便轻捷，行文活泼自由，记叙、描写、议论、抒情无一不可，反映现实迅速及时。散文的创作，

常常是撷取日常生活中的一个片断甚至点滴小事，或自然界中的一个小小物件乃至一片叶、一缕光、一眼泉、一朵花来寄托作者的情思，表达主观感受，流露某种意愿、希望和追求。散文常用象征、衬托的手法，借助某一具体事物的形象，来表达某种抽象的概念，寄寓某种思想感情和生活哲理。

散文的分类

根据表达方式的侧重点不同，散文可分为叙事散文、抒情散文和议论性散文。

（1）叙事散文

以写人叙事为主的散文，通过写人叙事抒发作者特定的感受和情思。这类散文善于通过某些生活片断、场景和细节描写以及人物最突出的性格特征，表现人物的精神风貌，揭示事件的审美意义。如：《背影》《藤野先生》《枣核》等。

（2）抒情散文

以抒发感情为主的散文，它主要是抒发作者对现实生活的感受、激情和意愿，其基本特征是寓情于景，寓情于物，借物抒情，托物言志。也就是通过对景和物极尽其妙的艺术描写，抒发作者的主观感受和特定情思。这类散文有较多含蓄和象征的成分。如《春》。

（3）议论性散文

以议论为主，借助某种形象说理，直接的发表议论，其特点是议论、抒情和描写相结合。这类散文近似于杂文，但比一般杂文更具文艺性，如《松树的风格》《爱国与小事》等。

散文的特点

散文的主要特点是“形散而神不散”。所谓“形散”，一般指散文取材十分广泛自由，不受时间和空间的限制。在同一篇中，可以从一个人物的某个侧面或者一个先进事迹的片断谈起，上下几千年，纵横几万里，作者可以根据中心思想的需要，随意选择，精心安排。“形散”还体现在表达方式的灵活多样。总之，无论是叙事、描写或是抒情、议论、说明都能在中心思想的统帅下，得到尽情尽意的发挥。

所谓“神不散”，主要是从散文立意的角度而言的，就是要求立意高远，主题集中。无论散文的内容如何广泛，表现方法多么灵活，都应围绕一定的中心，为中心思想服务。

写得好的散文，“形散”与“神不散”是和谐辨证的统一。散文的题材广泛，文章的“神”要“不散”，在结构上往往需要有一条鲜明的线索，把那些“散”的材料贯串成一个有机的整体。散文多以时间变化、空间转移为线索；或以具体的人、事、物为线索；或以人物的思想感情的发展变化为线索。

11. 如何学会阅读散文

散文是指文学性较强又没有完整故事情节的记叙文。这种文体在中学语文课本中占的篇幅不少。学会阅读散文，对提高中学生的读写能力非常重要。

读文章可以采取这样的读法：读一遍，想一遍，再细读一遍。将这种读法用于散文的学习上，可以分为以下几步：

由形入神，领悟文旨

人们常用“形散而神聚”来概括散文的特点。所谓“形”，是指散文的外在形式，其中最主要的是材料。散文的内容涉及面广，跳跃性大，可以涉及古今中外、天南海北、过去和未来。这些内容常常从表面上看互相之间并没有多少直接的联系，也很难说是按照什么样的时间或空间顺序组织在一起的。“形”是指散文的形式特点，“神”是

指蕴含在“形”之中的作者的思想和感情。“神聚”即文旨集中。

阅读散文首先要从“形”入手，一口气读完，即使有少数不甚明了的地方，也不会影响到对全文内容的把握，暂时放着，读过之后问自己，这篇文章主要写了哪些内容？为什么要写这些？它表达了作者怎样的情感和态度？思考这些问题，即是在逐步由“形”及“神”。

有些散文写得比较含蓄，一下子不容易抓住提挈的语言，就可以对事件一一分析，寻找它们的共同点或行文指向，想一想这些内容都与什么有联系，作者写这些都是为了达到什么目的，也能从中比较顺利地领悟出文章的中心思想。

叶圣陶先生说：“读一篇文章，如果不明白它的主旨，而只知道一些零零碎碎的事情，那就等于白读。”所以，阅读的第一步即是要努力把握文旨。这是比较科学的阅读方法。因为散文形散，所以只有首先抓住了文旨，才提起了文章的纲，才能正确地理解文章各部分的内容；也只有从表达文旨的需要出发，评判写作上的优劣得失，才有了合理的依据和标准。

寻找线索，理清思路

优秀散文“形散而神聚”的特点，体现在结构上有一条贯串全文的线索，这条线索把一幅幅迥然不同的画面、一个个纵跨时代的历史事件和天南海北的风土人情连成有机的整体。线索是结构的核心，抓不住线索，就理不清思路，就弄不清作者行文的初衷。抓线索读散文的方法是：一要弄清材料与材料之间的关系。这种关系有时可以在过渡段或过渡句中找到；二要善于辨识体现线索的语言标志，如间隔反复的句子等。散文常用的线索主要有以下几种：

（1）具体事物

如叙事散文《枣核》中的枣核，《小橘灯》中的小橘灯，《背影》中的背影。这类事物看上去很平常，却常常寓含着特殊的深意。如小

橘灯是小姑娘自制的，从价值上看废物利用并不值钱，提着它走山路也“照不了多远”，但是，它使人想到小姑娘美好的心灵和镇定、勇敢、乐观的精神，让人看到了黑暗中的一线光明，因而倍受鼓舞，感到“眼前有无限光明”。这“小橘灯”具有象征意义，作者通过这盏小橘灯揭示了国民党反动派必将垮台、新中国必将诞生这一历史必然规律。

（2）具体和抽象的联系

如刘成章的《安塞腰鼓》借黄土高原上的腰鼓舞，赞美了中国人民的大彻大悟，歌颂了中华民族挣脱了束缚、羁绊和闭塞后的欢乐、拼搏与追求。作者把腰鼓舞的场面、声响、舞姿特点与改革开放后全国人民崭新的精神风貌紧密而有机地联系起来，以粗犷、强劲的腰鼓舞象征我们民族的气质和伟力，二者之间有内在的联系，有相似之点。因而，文章看似疏落实则严谨。

（3）作者的感情变化

如《荔枝蜜》开头写作者小时候被蜜蜂蜇过，对蜜蜂总“不大喜欢”；接着写尝到荔枝蜜后，对蜜蜂“不觉动了情，想去看看”；参观蜂场后，感受到蜜蜂忘我劳动、无私奉献的精神，不觉发出了由衷的赞叹：“多可爱的小生灵啊！”最后，“梦见自己变成一只小蜜蜂”。全文紧扣“不大喜欢”“爱慕”“赞颂”“学习”的感情线索行文，波澜起伏，脉络分明，严谨有序。

由此可知，阅读散文仅仅只知道它写了哪些内容、表达了什么主题还远远不够，还必须理清材料之间的关系，弄清作者是怎样构思、怎样表达主题的。只有理清了文章的内部结构和作者的思路，阅读才算深入了一步，才有可能真正领悟到文章的精髓和真谛。

品味语言，赏析特色

散文的语言简练优美、意蕴丰厚、富有诗意。我们要注意品味这

些语言究竟好在哪里？作者为什么用得这么好？多多学习和积累这样的语言，对于写好作文大有益处。

品味散文的语言，从不同的角度去欣赏，会获得不同的艺术享受。如：“雨是最寻常的，一下就是三两天。可别恼，看，像牛毛，像花针，像细丝，密密地斜织着，人家屋顶上全笼着一层薄烟。树叶儿却绿得发亮，小草也青得逼你的眼。”这段话从语言风格上看，“最寻常”、“一下就是三两天”、“树叶儿”、“小草儿”通俗且口语化，朴素自然，给人以亲切感；从表达效果上看，“可别恼”，幽默风趣，新切而富有情趣，从句式上看，“看”，是一独词句，活泼跳跃，尽显兴奋、愉悦的情态。另外，短句，长句，排比句，对称句，整散结合，富有节奏感，生动优美；从修辞上看，这三个比喻写出了春雨细密、闪烁、绵长的特点，贴切，具体，生动形象；从词语的选择看，“织”，暗合像细丝的比喻，很精当，“笼”，写出了春雨如烟的情状，很准确；“逼”，从侧面烘托出小草青的程度，激发了读者的想象。

此外，品味散文的语言还要细心赏析文章由形入神的妙处。如《紫藤萝瀑布》中，作者为什么要写一树的紫藤萝？为什么要把它比作飞流直下的瀑布？仔细研读会发现目的是为了托物抒情，赞美这改革开放的时代，歌颂生命力的不可抗拒和永恒。现在，我们来看看作者是怎样写“形”显“神”的：它不同于小说里的景物描写，也不能如说明文那样用说明的方法介绍被说明的事物：藤萝的特征和生长规律。作为象征载体的作者笔下的藤萝，必须具备特定的内涵和意蕴，必须能激发读者丰富的联想和想象。所用的语言，除了要能准确地描述本体外，还必须兼顾到被象征事物的特征。先看眼前的藤萝：“像一条瀑布，从空中垂下，不见其发端，也不见其终极”、“仿佛在流动，在欢笑，在不停地生长”、“每一朵紫花中最浅淡的部分，在和阳光互相挑逗”。这绝不仅仅是在写花本身，还是在赞美其旺盛的生命力和蓬蓬勃勃的生机。看十多年前的藤萝：“稀落”、“伶仃”、“好像在察言观色，试探什么”。原因是，“那时的说法是，花和生活腐化有什么必然关系”。这是十年动乱时期许多人遭受迫害，精神和肉体上受尽折磨，提心吊胆、惊恐万状地过日子的艺术写照，更是作者对那种压抑的政治氛围的讽刺和鄙视。有了上述两个不同历史时期的藤萝的对比，“花和人都会遇到各种各样的不幸，但是生命的长河是无止境的”一句，人花合一，一语中的，使文旨得以升华。

品读上述语言，如果从修辞的角度看，运用了比喻、拟人、排比的手法，使描写增色不少；如果从“形”和“神”的关系仔细品析，可获得更多的感悟。对文章托物抒情的艺术特色，也便能理解得较为透彻了。

12. 语文学习的特点

学习者与学习对象之间，必然存在着一定的关系、效应、规律，明了这些关系、效应和规律，是我们组织教学的必要而且是重要的前提条件。就语文科的学习而言，以下三点还没有引起人们的充分注意：

文随道入

这里的文与道的含义与传统的文道概念有所不同，文，指具体的字、词、句型句式、表达技巧、表现手法等纯语文学知识；道，指一切科学的、艺术的、历史的、生活的、伦理的和民俗的“人文知识和人文材料”，也指有关人文的诸多“思想观点和学说”。从教师教的角度看，可以叫“随道传文”，这里是从学生学习的角度看，所以叫作“文随道入”。

从文章的写作、保存、流传过程来看，文是道的载体，道随文行，形式为内容服务；可是从学习语文的过程来看，则恰恰相反，要借助

把握意旨材料（道）来掌握字、词、句、表现手法等纯语文学知识（文），内容在很大的程度上为形式服务，此即“文随道入”的内涵。广东湛江的《情理知能连环导引·初中课本》就很好地体现了这一语文学习的原理特点。明白了“文随道入”的道理，我们就明白了语文教学“全文法”和“整体阅读”的高明之所在；再进一步，也就明白了语文课为什么学课文而不学字词典，也就明白了学课文与阅读报刊的真正区别了。

自悟效应

“少数语文较好的学生，你要问他的经验，异口同声说是得益于看课外书。”看课外书的学生绝非“少数”，而为什么只有这“少数”“语文较好”呢？细细想来，这“看”字底下深埋着一个“悟”字。有“悟”是会看，没“悟”是白看，“悟”乃是语文学习之关键。

孔子“举一反三”的教学指导思想，“哂之”而不斥之、言“吾与点也”而不言吾何以与点之类的实际作法，正说明他是一个真正重视了“自悟”价值的老师；传统语文教育一直重学生的诵、记而轻教师讲解的教法，实在是不惜血本地追求“自悟效应”；赞科夫倡导高难度教学原则，魏书生等名师极力倡导并实施学生自学，实质上也都是悟到了语文学习中“自悟”的存在及其巨大效能。可是我们近百年来特别是近50年来流行的观念却是“讲深讲透”，教师讲透了，学生还有什么可悟呢？连文学等艺术作品尚且以含蓄有味为上品，我们的教学怎么反而追求一碗白水清澈见底的效果呢？语文教学高耗低效的局面与“讲深讲透”不无瓜葛。如此看来，继承古代语文教学中高度重视“自悟效应”的传统，应当是不久的将来语文教育教学的特色之一。

学用互动效应

学与用的关系，普通的看法是学而备用、学以致用、学而后用，

用的效果取决于学的效果，二者是单向的因果联系；高明的看法则作如是观：学以致用、用以促学、学用互动、良性循环。《学记》提出了“教学相长”的理论；杜威提出了“做中学”的理论；陶行知提出了“教学做合一”的理论等等，这是名家重视“学用互动效应”的例子。实践中也不乏证据，当前有许多语文教师搞课前3分钟演讲，引导学生写书评影评，办手抄报等，也都是自觉或自发地在以“用”促“学”；更切近一点说，我们自己备课、写论文的过程中不也体现了用能促学、学以致用的互动效应吗？

“学用互动”也就是听读和说写相互促进。从学用互动效应看语文教学的状态，西方是重输入不足而重输出有余；我们的现状是输入输出皆不足，大量的精力耗费在貌似输入的“师讲”上。

语文学习过程的特点，上述三点绝非仅有，择较隐者言之而已。换言之，新一代教材的建构有许多学习原理与规律需要参照，上述三点亦在其中。

13. 语文基础应如何积累

语文基础应如何积累呢？一下总结了五个方法，非常实用，希望对同学们有所帮助。

随时积累

语文学习无处不在，只要我们细心发现，俯拾皆是。看电视、报刊和杂志，可以积累语文基础知识等；逛街时，可以积累令人回味的广告词和标语等；旅游时，可以积累人文景观介绍等；回家路上，可以积累街头巷尾精妙的语言和对联等；与人聊天时，可以积累偶尔出现的熟语和歇后语等。我们可以准备一个口袋笔记本，随身携带，随

时把你发现的觉得有用的东西记下来。生活中不缺少学习语文的材料，缺少的是发现材料的那双眼睛。

摘抄积累

学语文，我们面对着大量的阅读机会，如果能将读过的文章雁过留声，把其精彩之处记录下来并熟读，为我所用，那我们就不会觉得“书到用时方恨少”了。我们不妨给自己下一个积累任务：规定自己每个星期摘抄几个自己认为有价值的词，摘抄几条自己认为优美的句子，写一篇读书札记。无论何时，有阅读就有摘抄，读到精彩之处就把“精彩”留下。长此以往，我们“厚积”了，才可以“薄发”。

归纳积累

语文知识浩瀚如海，包罗万象，如果我们不把这些知识系统地归纳学习，就会像猴子掰玉米一样，顾此失彼。因此，我们需要归纳广泛、琐碎的知识点，并从中找出规律，遇到问题时便可有计可施、依水找源。我们可以归纳积累自己感到陌生的音、字、词，可以归纳积累课内外自己不熟悉的典故、名言名句、文学文化常识，还可以归纳积累做题时得出的各种规律和技巧。只要我们能对遇到的知识加以归纳，并积累经验找出规律，在以后的学习中自然就事半功倍了。

错题积累

语文学科也有不少特例，而这些特例往往是考试时命题者设置的“陷阱”，一不小心，就会失误。因此，建立一本错题积累本，对特殊的知识点加以防范，是免入“陷阱”的好方法。把在平时考试、测验、练习、作业中做错了的题目用记录或剪贴的方式积累起来，正、反两面同时使用，正面贴错题，用红笔记下方法、出处和时间，反面写标准答案、做错的原因、后记。每学期整理一遍，然后把已经很熟悉的已经改正过来的错误删除，接着再增加新的错误，到考试前温故知新，知道自己的薄弱环节和易犯错误之处，用“前车之鉴”避免

“重蹈覆辙”。

作文积累

语文考试“成也作文，败也作文”，而考试作文是限时作文，又受考试心理等因素的影响，弄不好，很容易导致“文思塞车”。假如我们平时练笔多了，积累多了，就不会搜肠刮肚和望着天花板叹气了。因此，我们应多写多积累，并将平时写的书信、日记、周记、随感、作业作文、考试测验作文等积累下来，形成自己的“写作软件”，考试也就可以驾轻就熟了。再说，平时的写作大都是应情应景有感而发的，对考试作文有相当的参考和指导作用。

现代文阅读需要掌握的能力

语文知识的积累部分主要指“字音、字形、文学作品的主要情节”等的辨识以及“古诗文”的记忆。

语言文字运用

语言文字的运用部分主要是指根据具体语境辨析成语的意义，能辨析、修改常见语病，能够准确提炼信息，就适当的话题发表自己的看法、综合分析等。这部分内容应通过专项的侧重练习来培养语感、提高能力。

文言文

文言文课内十一篇文章均属课内阅读理解，考生复习时需要注意避免的问题是：对文言字、词的理解不够准确，断章取义或者脱离句子解释；对文言语句的翻译容易漏译关键字词，或者句子翻译过于生硬、句子不顺畅；对语段内容的理解不够深刻，只从句子表面意思去分析，没有结合文章主题或者写作主旨去理解；结合文段谈自己的看法只是泛泛而谈，没有明确的观点和充分材料而导致说服力不强或者表述不太清楚。

现代文阅读

现代文阅读想取得高分应具有以下八种能力：基础辨识能力。即文体阅读的基本识别能力，如能辨识各种文体、各种表达方式；记叙的要素，叙述的顺序，说明的各种方法，论证的各种方法；能辨识小说的要素等等。

（1）基本分析能力

即分析文章的层次、结构、思路的能力，对文章、文段的结构层次进行分析、划分的能力。能分析小说的开端、发展、高潮、结局；能分析文中某个部分的层次，能分析文中某个段落的层次等。

（2）整体把握能力

即从整体上理解文章的内容和文章主体部分的大意，从整体上理解文章的寓意，能找出表达全文主要内容的中心句，感受文章的情感倾向，概括文章所表现的对象的主要特征，从整体上理解文章的基本写法或表达技巧，以及理解文中人物的特点等等。

（3）概括提炼能力

即对全文、段落进行整体概括，对文章的要点，文章的写法进行概括的能力。如对全文、段落的中心、大意的概括，对文章思路的提炼，对文章的层意、段意的概括，对文中人物形象的概括等等。

（4）语言品味能力

即词语品味能力，句子品析能力，文段品读能力，也就是品味词义，揣摩句义，品析重要句段。含在具体的语境中品析词义、体会句义，品味词与句的表达作用，说明词、句、段的表达作用等等。

（5）手法欣赏能力

即初步的文学欣赏能力，包括对文章的各种表现手法与写作技巧的辨识、理解、分析、欣赏。如表现手法中的正面侧面、对比烘托、详写略写、伏笔照应等等。

（6）感受评价能力

如表达阅读感受，评价文章的情感倾向；评价文中的人物；展开联想或表述感想；探究文章难点，提出看法与建议，就文中内容进行想象等等。

(7) 联想迁移能力

即由材料中的知识内容联想到相关的知识内容，如联想到所积累的诗词、名言、科学知识、课文人物等等。

14. 语感与语文素养的关系

“语文是最重要的交际工具，是人类文化的重要组成部分。”它是工具性和人文化的高度统一，因此，学好语文对每一个人，尤其是每一个青少年学生来说是最起码也是至关重要的。那么，怎样才能学好语文？怎样才能提高学生的语文素养？培养学生的语感是最重要的路径。

《语文课程标准》在“基本理念”部分强调“丰富语言的积累、培养语感”，在总目标中又要求在阅读方面注意“有较丰富的积累，形成良好的语感”，然后在各个阶段目标中再对此加以具体化，导向是很明确的。著名语言学家吕淑湘先生强调：“语文教学的首要任务是培养学生的语感。”所谓语感，就是读者或听者通过听人讲话或阅读直接感知语言，是学习、理解和运用语言文字的一种敏锐感知力，也是一个人语文水平的重要标志。怎样在教学中培养学生的语感？

从优秀的篇章中积累

汉语是世界上最美、最丰富的语言，鼓励学生读背一些文质兼美，情文并茂的篇章，是学生积累知识、培养语感的很重要的途径。

(1) 听说结合

“听话是凭借语言，理解说话者所讲的意思。听的言语活动不是机械、被动地接受和简单重复反映信息，而是积极主动思考，重组语

言材料，创造性地理解和接受信息的过程。”可见，听是接收信息最有效的手段之一。鉴于此，在语文课堂上，我们举行了课前美文欣赏活动。学生在听的过程中接收优美的语言，经过大脑的加工后，对听到的美文进行评价，表达出自己的想法。在教学中要积极帮助学生端正听的态度，培养学生多听、会听的习惯和能力，在听中积极感知语感。如此经常练习，学生的语感能力就会不断提高。

（2）读写结合

阅读是提高学生人文底蕴、提高语文能力、培养积累语感的有效途径。多读、熟读、读后深思，能有效地激发语感。所谓“书读百遍，其义自见”讲的就是诵读的效果。古时的私塾先生们就很看重诵读，他们要求学生反复读，仔细读，做到熟读成诵。“熟读唐诗三百首，不会作诗也会吟”便是对诵读的评价。现代心理学研究表明，诵读中语调、节奏、语流反复刺激，便在学习者特定的精神上留下“声音印象”，这种内在的印象遇到外界的刺激，熟悉的语言流便自然而然地从记忆中溢出。

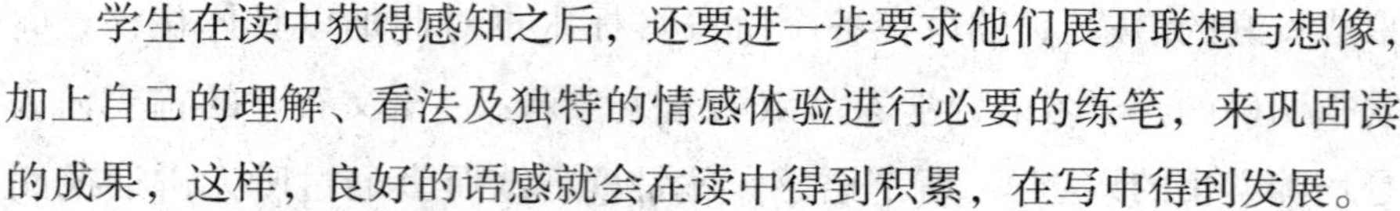

学生在读中获得感知之后，还要进一步要求他们展开联想与想像，加上自己的理解、看法及独特的情感体验进行必要的练笔，来巩固读的成果，这样，良好的语感就会在读中得到积累，在写中得到发展。

（3）勤记多背

“语感要凭借已有的知识和生活经验去感知。”显而易见，生活经验和自身的知识积累是语感的源泉。初中学生由于生活经历不足，实践经验有限，所以，勤记多背，积累知识，将语言材料内化为自己的言语，将是积累、丰富语感的重要途径。

在语文实践中领悟

由于语感的培养离不开理性思维的参与，离不开对语言文字的灵敏感觉，离不开学生的悟性。因此，我就积极创设语感情境，让学生学会分析、琢磨，从而实现对语言的准确领悟。

“悟”是在充分感知的基础上，在思维、想象、情感等心智活动的参与下对语言材料的内涵及语言组织形式的深层把握，使主体的“神”与客体的“神”融为一体，达到“物我交融”的境界。

在教学中积极引导学生分析、推敲，让学生独立思考，用心用情去体验去感悟，品味作者遣词造句的妙处，揣摩作者的思路、情感。久之，则诗歌中所蕴含的“玄机”就会通过有血有肉的语言从学生的口中传出来，这样学生的语感就会得到进一步锻炼。

对积累的语文素材运用

这是培养语感的高级层次。积累如吸气，运用如吐气，只有吸够了气，才能吐出气。因此它的完成需要引导学生通过积累的知识来获得，除此教师必须引导他们联系自己的生活实际，帮助他们展开合理的想像和联想，借助思维和审视能力，对语言材料进行品评、鉴赏，能够惬意地抒发自己的内心世界情感。这需要学生与文本对话，需要学生与作者在生活体验上沟通，需要学生与作者在心灵情感上的共鸣。这样学生不仅能充分领会语言文字的字面意义，还会领会语言文字的弦外之音，言外之意，才能抒发读完文本后的独特的情感体验。

这样反复训练与内化，学生的语感能力才会发生质的飞跃，学生才会对语言敏感。正如叶圣陶先生所言：“如果单靠查字典，就得不到什么深切的语感。惟有从生活方面去体验，把生活所得的一点一点积累起来，积聚得多了，了解得就越深切。直到自己的语感和作者的不相上下，那时候去鉴赏作品就真能够接近作者的旨趣了。”

15. 语文的独特记忆方法

在语文学习的过程中，有许多知识概念和相关内容是需要记忆的。

语文记忆的方法有多种，对不同的内容要采用不同的记忆方法。

机械记忆法

这种记忆方法适用于记忆互不关联的、分散的、孤立的知识点。对于语文来说，课文中的生字、生词、作家作品常识、个别文体、语法、修辞概念等，在不易采用其他记忆方法时，常要采用机械记忆的方法。

理解记忆法

在语文学习中，无论是对字词的掌握，还是对各类概念的掌握都离不开理解，应在抓住特征、理解本质的基础上去进行记忆。如："线"、"钱"、"浅"、"栈"，根据声旁我们可以知道它们的读音大致与"戋"相近，根据形旁我们可以知道它们的字意内容分别与"丝"、"金"、"水"、"木"等事物有关。又如，理解了小说中环境描写与刻画人物之间的关系，就可以根据某一段的具体内容，从"交代背景、渲染气氛、衬托人物、推动情节"的角度去考虑写景与写人之间的关系了。

联想记忆法

联想的方式很多，可以进行横向的相关联想，例如，从一个作家可以联想到他所处的朝代、作品、出处、对这个作家的评价等；从一个朝代可以联想到与他同代的作家、作品、时代背景、作品风格等，还可以进行纵向的相关联想。

例如，由一部作品可以联想到作品的文体、内容、主题、写作手法、名言警句等；由介词的功用联想到介宾短语的特点，进而联想到"介宾短语一般在句中充当状语或补语"的句子成分划分方法等等。运用联想记忆的方法可以把许多知识联系起来，贯穿成线，形成知识网络，便于我们在记忆知识时顺藤摸瓜，由此及彼地记住所学的相关知识。

比较记忆法

比较记忆的方法应用的范围很广。例如：在修辞学习中可以把比喻与拟人及夸张做比较、把排比和对偶及反复做比较、把设问和反问做比较；在语法学习中可以把宾语前的定语与谓语后的补语做比较；在文言文学习中可以把同一词语在不同语境中的词义、功用做比较。

口诀记忆法

口诀记忆的应用范围很广，现举几例来加以说明。

(*1*) 运用口诀记忆形近字

例如：用“横戌 Xu 点戍 shu 戊 wu 中空，十字交叉读作戎 rong”的口诀来记住“戌、戍、戊、戎”四个形近字；用“王姬去颐和园，人群熙熙攘攘”来记住“姬、颐、熙”这三个偏旁特殊的字；用“老虎是残暴的，虎爪是向外的”来记住“虐”字下半部分的特殊写法。

(2) 运用口诀记忆语法知识

例如：可以用“名动形、数量代、副介连助叹拟声”的口诀来记住六类实词 *6* 类虚词；可以用“副词放在动形前，介词落在名代前”的口诀来记住副词与介词的区别；可以用“叹词在句首，语助在句尾”的口诀来记住叹词与语气助词的区别；可以用“定语必在主宾前，谓前状语谓后补；‘的’前定、‘地’前状、‘得’字后边是补语”的口诀来记住单句句子成分的划分方法。

(*3*) 运用口诀记忆文言文知识

例如：可以用“‘是以’是‘以是’，‘以是’是‘因此’”、“‘何以’是‘以何’，‘以何’凭什么”来记住“是以”、“以何”的翻译方法；可以用“主谓间断开，发语词断开”的口诀来记住文言文朗读中的合理停顿；可以用“直译对译和意译，增补省略调语序”的口诀来记住文言文的一般翻译方法。

（4）运用口诀记忆进行阅读分析

例如：可以用“本义引申语境义，结合中心作分析”的口诀来记住对句中重点词语的分析方法；用“句式特点与功用，结合中心与语境”的口诀来记住对不同句式或不同修辞句的含义及作用的分析方法。用“总分并，时空逻，中心句，自概括”的口诀来记住对说明文段落结构的分析及对段意、层意进行概括的基本方法。

16. 政治学科的学习方法

政治课是改造思想，塑造灵魂，培育精神的课程，更是经营财富，经营人生，经营社会的最具时代性的一门课。它特别需要我们用“心”和“情”来学习，主要是靠我们用脑而不是靠手来学习，也就是说，政治课靠背诵和做题是学不好的，也是考不好的。主要是靠对理论知识的理解和对实际问题的思考来运用知识，从而掌握马克思主义的立场观点方法，提高学科水平和能力，并最终赢得高考的成功。

对于政治课的学习而言，始终存在着学习习惯的再培养再塑造的问题。

有一位心理家说过：“习惯是一个人的道德资本。一个好的习惯是一个人享受不尽的利息；一个坏的习惯是一个人一生偿还不完的债务。”对于我们而言，我们学习高中政治课需要“利息”，而不要“债务”。

领悟马克思主义的立场观点方法是一个“慢功”，不可能一蹴而就，这就需要我们在平时养成好的学习习惯，平时每一步走踏实了，功夫就到家了。

具体地讲，不同学习阶段有不同的学习任务和学习特点，因而应当有不同的学习习惯和不同的学习方法。

听课习惯

听，就是认真听老师的讲解分析，听同学的发言、争论、辩论、质疑等。

读，包括粗读和精读，粗读是快速把握课文结构、分析思路，找出理论论据和事实论据。精读是细读重点段落，把握其中的标点符号、关联词、关键词等，划层次，找中心；把握原理的论述方式、论证方法，是归纳还是演绎，是怎么分析的，又怎么综合的。

想，即思考。在听、读的过程中，认真思考，并有意识地联想。

记，即用好“笔记本”和“错题本”。记老师、同学讲的，并对自己有用的东西，记受他人启发而产生的思想火花，记自己学习过程中存在的问题。

讲，就是积极发言、质疑。如果平时每一节课都这么做了，课堂的思维含量就很大了，政治学科的能力和素质就得到了有效的培养和提高。这比课堂利用不充分，课外去大量做题的效果要好得多。从这个意义上说，只要有心、有情感，不需要花太多的时间就能把政治课学好，考好。

理论联系实际的习惯

在平时的学习、生活中，要有“用”的意识和习惯，看到身边的经济现象、政治现象、社会现象、人际人事关系，要有意识地自觉地用经济学、政治学、哲学的思想和方法去观察和思考。久而久之，你就会养成习惯，有了这个习惯，你高考受益，你终身都将受益无穷。

科学的训练习惯

有些同学平时做作业和测验抱无所谓的态度，漫不经心，思考不深。可能做得很好，也可能做得很不好，但他个人都觉得无所谓，因为那不是自己的真实水平。但，到了大的考试，如期中期末考试乃至高考时，他很当回事。全身心投入，思考过多过细，往往把问题想复杂了，自然做错的多，或者反复思考后把第一遍做对的又改错了，分数不高。究其原因，还是平时没有养成严谨、认真的好习惯。

应当把平时当考时，把考时当平时，熟题生做，生题熟做，训练良好的思维品质和良好的心理素质。也就是说，平时练习和测验，要把它当作大考，认真严肃，心情适度紧张；大考或高考时，把它当作平时的测验或期中期末考试，心情不要太紧张，调整到适度紧张的程度，遇到难题把它当作熟题来看待，别怕，遇到熟题，别掉以轻心，粗心大意。心理学家说，考试时心情适度紧张，大脑细胞处于最佳活动状态，最有利于我们发挥最高水平。

考场上的大家风范不是一日之功能培养起来的，需要平时用心训练才能积累形成。

构建知识树的习惯

平时注意归纳整理知识网络，组织知识专题，总结思维方法和解题技巧，发现思维规律和解题规律。更重要的是将教材知识内化为自己的思想，并恰当地呈现出来，这恰恰是高考命题人特别看重的。

制定学习计划的习惯

在老师的大计划下有自己的小计划小安排，独立自主学习的能力要强，能根据每个阶段学习情况进行调整，做到每个阶段的学习很充实，学习成绩整体推进。

积累课外知识的习惯

“题在书外，理在书中”、“巧妇难为无米之炊”、“根深才能叶茂”，这些话都说明了掌握丰富的时政知识和课外知识的重要性。

17. 历史学科的学习方法

如何学好历史课，这可是一个只用几句话无法说清的问题。知识点多，怎样记忆呢？选择题里各式原因怎样区分呢？下面介绍一些学习方法，看看对您有没有帮助。

如何阅读教材

以把握历史知识结构基本要素特征为支点，原因可分为：历史原因和现实原因；内因和外因；必然性原因和偶然性原因；直接原因和间接原因；根本原因和一般原因；主观原因和客观原因；背景与条件；各个侧面原因。

经过一般包括：时间、地点、人物、方式、重大事件等。特点、意义一般包括性质、功绩、经验教训。性质一般从目的、人物、内容、结果等方面思考。

阅读与辨证思维结合，也就是说，阅读与理解和思考结合，流畅地读，有理解地读，有思考地读。

如何记忆历史知识

有人不是说“历史不就是靠死记硬背吗?”有一点道理，历史知识是需要记忆的，不记忆基础知识可是大失误。怎么记呢？试试下面的方法：

（1）机械记忆

就是死记硬背了，但是学死，不是死学，而是用死知识回答活问题。

（2）理解记忆

对内容理解越深，记忆效果越明显。记忆的知识越多，理解能力越强。

（3）直观记忆

可以利用图、表等进行比较归类，帮助记忆。

如何理解历史概念

历史学科就是由历史概念建立起的体系。怎么掌握呢？分析历史概念的构成要素，外延和内涵。

历史概念一般分为：历史人物类、历史事件类、历史现象类、历史著作类、历史结论类、理性型概念等。

例如历史事件类中的“文艺复兴”，外延是时间、地点、代表人物、主要成果；内涵是资产阶级在思想文化领域的反复封建斗争。

如何探究历史结论

从历史史实说明为什么得出这样的结论，加上自己的理性思考，就能很好地理解它。例如“铁血宰相”俾斯麦，书中列举了他的哪些活动，来表明他是一个铁腕人物，从他的时代属性来理解个人评价。

如何总结阶段特征

历史阶段特征有横向，也有纵向。总结横向特征就是由史到论，在熟练掌握知识的基础上，经过分析、综合、抽象、概括出事物发展的本质趋势。

例如综合17、18世纪欧美社会的政治、经济、社会主要矛盾、革命性质的变化可以看出这一时期是早期资产阶级革命时期，即建立资本主义正常统治秩序时期

纵向特征可以用建立专题和纵向梳理知识线索的方法进行总结。

如何梳理历史线索

也就是分类构建历史专题线索。比如可以把《八一宣言》、《瓦窑堡会议的决议》、《中国共产党为日本进攻卢沟桥通电》组合在一起，对共产党抗日民族统一战线政策的形成有一个整体认识。

如何培养概括、比较和评价能力

（1）概括

任何历史事件的知识结构都是由各层次的“概括和举例”构成的。概括是在分析史实的基础上得出的观点、结论；举例是对概括的充分论证。我们所说的史论结合就是概括与举例的结合，论点与论据

的结合。

（2）比较

有同学在思考比较类的问题时，往往感到很困惑，无从下手。有一个化难为易的方法，就是确定要比较的历史概念的构成要素，比如说改革类，都包括改革的原因、领导阶级、内容、结果、性质和影响等要素，根据构成要素自己设定比较项目。

（3）评价

基本方法是：找准时间和空间范围，使被评对象定格、归位；抓住被评对象相应的典型的历史事实；重视被评对象的属性，阶级的、社会的、时代的等。

如何培养材料解析能力

要充分运用课本中选取的材料，培养自己的答题技巧；注重老师平时对这类题目所进行的训练、归纳总结方法和思维操作。

如何培养识图和用图能力

（1）地图

运用地图的方法就是把获取的历史地理信息与特定的历史阶段或重大事件联系起来分析。

（2）插图

明确观察目标，把观察到的历史信息和特定的时代背景结合起来，得出相应的结论。

18. 历史学习中的数学记忆法

历史事件的年代由阿拉伯数字排列而成，简单枯燥，不易记住。中学历史老师如能在教学中巧妙地借用某些数学知识，就能收到事半

功倍的效果。

数轴记忆法

即规定以公元零年为原点，以公元前为负、公元后为正建立数轴。例如我国奴隶制崩溃于春秋战国之交，即公元前*476*年，而西欧的奴隶制度的崩溃，则以公元*476*年西罗马帝国的灭亡为标志。如果将两个年代在数轴上予以注明，就很容易记住我国由奴隶社会进入封建社会早于西欧一千年。

数字特征观察法

如罗马西西里起义是公元前*137*年，这三个数字是在四个连续奇数*1*、*3*、*5*、*7*中挖出第三个奇数后排成的一个三位数。又如*383*年的淝水之战，*1234*年蒙古灭金，*1661*年郑成功率领大军进攻当时被荷兰殖民者霸占的我国领土台湾，*1789*年法国资产阶级革命，*1818*年马克思诞生等等，亦具有明显的数字组合特征。

等差数列记忆

例如我国辛亥革命、“二次”革命、护国运动和护法运动，这四个历史事件分别发生在*1911*年、*1913*年、*1915*年和*1917*年，这四个数字恰好组成了一个以*2*为公差的等差数列；再如辛亥革命、中国共产党的成立、“九·一八”事迹和皖南事变，分别发生于*1911*年、*1921*年、*1931*年和*1941*年，这四个数字恰好组成了一个以*10*为公差的等差数列，只要记住辛亥革命发生的时间，其余三个年代也就记住了。

时差记忆法

如唐末农民起义是*874*年开始的，起义坚持*10*年，就可推知这次起义是在*884*年黄巢牺牲后失败的。抗日战争为期*8*年，是*1937*年爆发的，由此可以推算出：它结束于*1945*年。英国资产阶级革命发生在*1640*年，整整两百年后英国才发动侵华的鸦片战争，故知鸦片战争是在*1840*年发生的。再如金建立于*1115*年，十年后灭辽，故知金灭辽是在*1125*年。

推算记忆法

（*1*）逐年推算

*1838*年虎门销烟，*1840*年鸦片战争，*1841*年三元里人民抗英，*1842*年《中英南京条约》签订。

（*2*）等距推算

按每隔*10*年或*100*年一件大事去推算。例如，*1901*年《辛丑条约》签订，*1911*年辛亥革命爆发，*1921*年中国共产党成立，*1931*年“九·一八”事变爆发，*1941*年皖南事变爆发。

（*3*）起讫推算

历史事件总有起讫两个年代，记住其中一个年代及其距离的年间，就能推算下一个年代。例如，美国独立战争八年，记住始于*1775*年，就可推算出结束于*1783*年。

社会发展有一定规律，历史年代的记忆也应寻其规律。关于历史年代的记忆方法很多，数字记忆法仅为其中的一种。中学历史教师倘认真发掘，一定还能找到诸如理解记忆、归纳记忆和编年记忆等其它许多事半功倍的记忆方法。

19. 地理学科的学习方法

很多学生反映：“地理难学，考不好，有些知识老师课堂上讲过了，自己也认真听了，但还是搞不懂，理不清。”

从客观因素上来说，高中地理课本的内容比较抽象，理论性较强，主要讲的是各种地理事物之所以存在的原因以及发展的规律，不像初中课本那么浅显易懂，特别是高一上册是自然地理部分，第一单元和第二单元的地球和大气部分，本身是自然地理中的难点内容，所以学生刚开始接触这些知识确实会感到困难的。

从主观因素上来说，学生的地理知识基础较差，有的学生头脑中储存的地理知识几乎是空白，这当然不能怪同学们，主要是中考不考地理，同学们只在初一社会课中学过地理，两年过后忘得也差不多了，所以一些同学到了高中还不知道“上北下南，左西右东”，分不清“黄河、长江、珠江”。在这样的基础下，一下子要运用地理原理，分析判断地理事物当然是困难的。

如何在新的学习环境中学好地理，已经成为同学们迫切需要解决的问题。

树立信心

树立信心是学好地理的前提，虽然同学们现在在地理学习上遇到了一点困难，但一定要有信心学好它。平时上好每一节地理课，在课堂上积极思考，把教师讲的概念、原理理解，如有不懂的地方，应及时提问，每堂课的内容要及时消化，课后做适当的练习加以巩固，坚持这样做，肯定会收到好的效果。

读图用图

读图用图是学好地理的基本技能，地图是地理信息的浓缩和直观表达，是学习地理的重要工具。学会看图用图是学好地理的基本技能，平时的习题，考试的试卷中都有“读图回答”类的题目。同学们可以先看课本上的一些原理图、示意图，仔细观察，把课本知识落实在图上，同时要注意图形的变异。

20. 地理学习的趣味记忆方法

地理知识丰富，涉及的范围也广，很多同学乐学地理，但又害怕记忆地理知识。现向同学们提供一些既有趣又行之有效的记忆方法。

比喻记忆法

比喻记忆法是指把所要记忆的地理知识与人们熟知的相关知识联系起来完成记忆的方法。科学、准确的比喻记忆能够使抽象的内容具体化、枯燥的内容趣味化、复杂的内容简单化。例如：记忆气压带、风带的季节移动时，可比喻为燕子的季节迁徙。记忆太阳系九大行星中卫星数最多的土星时，可以将其比作土霸王。

字头记忆法

字头记忆法是指把一系列地理事物的字头串联起来来完成记忆的方法。例如：记忆九大行星距日远近时，可以这样记忆：水金地、火木土，天海冥。

谐音记忆法

谐音记忆法是指把需要记忆的地理知识通过谐音组合到一块儿，然后联想创造出一种意境的记忆方法。对于难记忆的地理知识利用谐音联想记忆，便于想像，能极大地调动自己的积极性和兴趣性，收到“记中乐，乐中记”的艺术效果。

如黑色金属主要包括铁、铬、锰等，可以采用“铁哥们”作谐音记忆。

又如类地行星主要成分是氢、氖、氦，可以采用“勤奶孩子”作谐音记忆。

又如记忆江河年径流总量排序时，可以这样：“径流巴西，俄

（我）加（家）（有）美印（人）尼（你）中吗?”。

又如记忆地壳中含量最多的元素时，可以这样“氧（养）硅（闺）铝（女），铁（贴）钙（给）钠（哪）钾（家）镁（美）?”。

又如记忆草场资源丰富的国家时，可以这样：俄（我）新（心）中美澳，阿蒙（门）。

又如记忆世界主要粮食出口国，可以这样：美加法（深）澳阿，该出口时就出口。

接近联想记忆法

接近联想记忆法是根据有些地理事物在时间上或空间上有所接近之处而建立起来的联想记忆方法。通过接近联想有助于我们将新、旧知识联系起来，增强知识的凝聚力。如复习亚马孙平原时，从同一地理空间进行联系，想到亚马孙河，全年水量丰富，季节变化量小；想到世界上最大的热带雨林区，树种丰富，破坏严重，“世界肺脏”作用正在不断减弱。又如，记忆洋流的分布规律时，在中低纬形成以副热带为中心的反气旋型大洋环流，想到北半球的反气旋是顺时针方向流动，东西风向如何就一目了然了。

类似联想记忆法

类似联想记忆法是根据地理事物之间在性质、成因、规律等方面有类似之处而建立起来的记忆方法。通过类似联想有助于我们发现地理事物的共性，强化记忆。如里海与日本的面积大约都为37万平方千米。又如温带季风气候区和温带海洋气候区内的自然带均为温带落叶阔叶林带。

对比联想记忆法

对比联想记忆法是指根据地理事物之间具有明显对立性特点加以联想的记忆方法。通过对比联想，有助于我们比较地理事物的差异性，掌握各自的特性，增强记忆。如气旋和反气旋是大气中最常见的运动形式，其气压分布状况、气流状况、天气状况都相反，学习时，只需精记一种即可。

从属联想记忆法

从属联想记忆法是根据地理事物之间因果、从属、并列等关系增强知识凝聚的联想记忆方法。通过关系联想，引导思考、理解地理知识彼此之间的关系，使思考问题有明确的方向，感到有些地理知识多而不杂，杂而不乱，有规律可循。如因果关系：地理自转→地转偏向力→盛行风向→洋流的流向；从属关系：总星系→银河系→太阳系→地月系；并列关系：风化作用→侵蚀作用→搬运作用→沉积作用→固结成岩作用。

聚散联想记忆法

聚散联想记忆法是指运用聚合思维对一定数量的知识通过联想，按照一定的规律组合到一起或运用发散思维对同一地理知识，从多方面进行联系的记忆方法。包括聚合联想记忆法和发散联想记忆法，互为逆过程。运用聚散联想记忆法有助于学习时举一反三，触类旁通，扩大思路，建立地理知识的“联想集团”。如有关赤道的知识，可运用发散思维从下列各点进行说明：地理上最长的纬线；纬度最低的纬线；距南北两极距离相等的纬线；南、北半球的分界线；南北纬度划分的起始线；地转偏向力为零的纬线；仰望北极星仰角为零的纬线；全年昼夜平分的纬线；地理自转线速度最大的纬线；反之，运用聚合思维可以说明上述所指纬线都是赤道。

形象联想记忆法

形象联想记忆法是把所需要记忆的材料同某种具体的事物、数字、字母、汉字或几何图形等联系起来，借助形象思维加以记忆。形象联想既有利于激发兴趣、调动学习的积极性，又有利于加深记忆。如新疆的地形特征可与新疆的“疆”的右半部分联系起来，“三横”表示三山即阿尔泰山、天山和昆仑山；“两田”表示两大盆地即准噶尔盆地和塔里木盆地。又如意大利的轮廓图像高跟靴子。

奇特联想记忆法

奇特联想记忆法是指利用一些离奇古怪的联想方法，把零散的地理知识串到一块在大脑中形成一连串物象的记忆方法。通过奇特联想，能增强知识对我们的吸引力和刺激性，从而使需要记忆的内容深刻地烙在脑海中。如柴达木盆地中有矿区和铁路，记忆时可编成“冷湖向东把鱼打（卡），打柴（大柴旦）南去锡山（锡铁山）下，挥汗（察尔汗）砍得格尔木，火车运送到茶卡。”

记忆方法多种多样，只要做个有心人，不断摸索，不断总结，就一定能归纳出更多的行之有效的记忆方法。

21. 小学语文学习特点与学习方式

小学阶段在儿童心理发展中是一个重大的转折时期，儿童入学后从以游戏为主导转化成以学习为主导活动，开始承担社会的义务。学校学习的新需要与儿童原有的心理发展水平发生了矛盾，从而构成儿童心理发展的动力。

儿童的思维从以具体形象思维为主逐步过渡到以抽象逻辑思维为主，但小学儿童的抽象逻辑思维在很大程度上仍然直接与感性经验相联系，具有很大的具体形象性。

表现在情感逐渐丰富和深刻；自控能力增强；自我意识加速发展。

小学语文学习的特点

(1) 实践性

语文课程的基本目标是培养学生运用语文的实践能力，而提高语

文能力的主要途径是语文实践。语文是工具，而掌握任何工具的基本途径是实践。从心理学的角度讲，基本的语言能力表现为语感。语感的主要特征是直觉性和自动化。所谓自动化，就是能在不知不觉中进行活动，要达到如此熟练的程度，必须形成长时工作记忆，而长时工作记忆形成的一个重要条件，就是对有关材料非常熟练。熟练掌握语言材料的基本途径是朗读、背诵等语文实践活动。

语文知识只有通过实践才能化为学生的血肉，学生的语文能力只有在实践中才能获得提高，学生的语文创造素质也只有在实践中才能得以养成。

（2）真实性

指学生在语文学习活动中主要关注言语的内容，关注言语所传达的信息，也就是要有真实的信息输入和输出。阅读，是为兴趣而阅读，为实用而阅读，在阅读中获取知识、陶冶情感、体验人生；写作，是为真情而写作，为实用而写作，写的都是自己想要说的话、想要表达的情感，或者通过写作达到了某一交际实用目的。

（3）持续性

指语言习得者要在真实的语言环境中进行经常性的大量的读写实践活动。表面上看起来，从小学到初中再到高中乃至大学，语文课占用的课时是最多的，然而这些时间实际上被大量的讲析或大量的练习占用，学生的阅读量少得可怜，写作量也少得可怜，一学期下来，也就读了那么几十篇课文，写了那么七八篇作文。而课外的时间又被语文作业和其它科目的作业所占用，以致出现了学生在母语习得的黄金时期却没有足够母语习得的奇怪现象，这就可以解释为什么语文教学“花了2700多课时，却是大多数不过关”的“咄咄怪事”了。语言能力是一种心智技能，凡技能都需要“反复历练”，没有量的积累，也就没有质的提高。吕叔湘先生曾说过，一个中学生一学期要阅读80万字才可培养起阅读能力。我国传统语文学习方法中强调多读多写，强调“处处留心皆语文”，与母语习得的持续性特点是完全一致的。

(4) 反复性

反复性特点是指在母语习得中对部分语言材料反复阅读，反复玩味，以达到加深理解、强化记忆、积淀语感、积累语言材料等目的。这种反复不同于一般意义上的精读，它不是对语篇语段的抽象分析，而是对语言材料的直觉感知。反复的形式是多种多样的，如重读、摘抄、诵读、背诵等。在这方面我国传统的语文教学有许多值得借鉴的经验。

古人读书，不像现在这样分析或做练习，主要是让学生读书，讲究诵读涵泳，强调熟读成诵。在反复诵读涵泳中，学生不仅语感会增强，对文章的理解会加深，结构文风会受到影响，而且精神人格也会受到潜移默化的熏陶感染。而通过熟读成诵形成的语言积累，也会成为学生语文素质的基础，即所谓“腹有诗书气自华”。

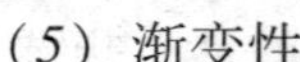

(5) 渐变性

汉语文表情达意意蕴丰富。语文学习过程的实质就是语文知识、能力、情感、态度、价值观、过程与方法由浅入深、由低到高、循环往复地浸润的过程。在这一过程中，学生语文素养的积累与提高均呈现螺旋上升的变化趋势，这种变化不是直线上升的，不是一蹴而就的。因此，语文学习具有渐变性。

(6) 整体性

系统科学的一个重要思想，就是整体大于部分之和，整体不等于各部分的简单相加。皮特·科德在《应用语言学导论》中提出，由于语言具有系统的相互联结关系，因而认为一个项目可以孤立地进行教或学的这种想法是不实际的。语文学习整体性，即指语文学科基础性和广泛性、工具性和人文性、知识性和技能性、语言和思维、语言和文学、科学性和艺术性、独立性和兼容性、螺旋性和直线性、实践性和综合性等特征的和谐统一。汉语言无论是汉字、词语还是一篇文章，其整体性也是很突出的。一篇文章，无论从结构布局、章法的起承转合、前后照应上看，还是从文章所表达的内容上看，都是浑然一体的。

（7）文化性

语文是文化的载体，是我国数千年文化的积淀，它记载着我们的信念、人际关系、文化传统。而很长一段时期以来，我们没有重视和充分挖掘汉语以及汉民族文化的优秀传统，没有使我们的民族传统文化进入现代化社会。语文学习要完成一个艰巨的任务：让学生从小学一直到高中逐步自觉地承担起弘扬我国光荣的文化传统的职责。

（8）思维性

语文是人学。人之所以为人就在于有思维的大脑，有交流思想感情的语言。学生进行语文学习，凭借语言与文本的作者展开心灵的对话，这一过程正是语言和思维融合的过程。正如古人所云："书不成诵，无以致思索之功；书不精思，无以得义理之益"。语言与思维密不可分。学生要学好语文就必须学会思维。

语文学习除了上述特点外，还具有艺术性、趣味性、艰巨性等特点。它的艺术性不仅表现在语文学习的内容有许多是和艺术有关的，就是语文学习过程也带有艺术性，可以使人从中受到陶冶，得到美的享受；语文学习能引人入胜，使人产生兴趣，甚至达到着魔入迷的程度，同时语文学习又不是很轻松的，要克服许许多多困难。

对于语文学习的这些特点，在学习语文时必须有充分的认识，这样才能把握语文学习的规律，找到一条科学的学习途径，提高学习的效率。

小学语文学习方式

（1）新课程倡导的语文学习方式

改变过于强调接受学习、死记硬背、机械训练的现状。接受学习，以听讲、记忆、模仿、练习为特征，其主要作用在于引导学生在尽可

能短的时间内获得尽可能多的知识和技能。在中小学课程中，有许多陈述性的、事实性的知识运用接受学习的方式更为有效。但接受学习既有优点，也有其缺点。它的学习内容是以定论的形式直接呈现出来的，学生是知识的接受者。这就意味着，接受学习有其强调接受和掌握的被动的一面。长期地过于强调单一的接受学习，其结果必然导致人主体性、能动性、独立性的不断销蚀，冷落和忽视发现与探究。

对学生来说，长时间的，持续 *6* 年、*9* 年甚至 *12* 年的学校生活，如果主要以听讲、记忆、模仿、练习等方式学习的话，就不可能指望他们走向成年后，能够独立思考、富有个性和充满自信，并且具有强烈的社会责任感。

倡导自主、合作、探究的学习方式，实际上是激活学生的积极性和创造性，使其成为知识的发现者和研究者。需要指出的是，接受学习仍然是人类重要的也是特有的学习方式。接受学习的最大价值在于学生不必从零开始学习活动。他们可以通过直接接受前人与他人的认识成果从而加速个体的认识发展进程，从而使有限的生命个体能够更从容地面对无限的知识海洋与大千世界。所以接受学习不仅是人类重要的学习方式也是学校教育的基本形式。新课程倡导自主、合作、探究的学习方式，但并不意味着拒绝接受学习。

（2）运用学习方式应注意的问题

要辨证地看待三者之间的关系，发挥各自达成目的进程中的意义与作用。

“自主”是实现“合作、探究”的基础、前提；“合作”是促进“自主、探究”的途径、形式；“探究”是表现“自主、合作”的最终目的。

教师要找准角色位置，成为学生学习的组织者、引导者、参与者。学习的组织者：适当调控课堂节奏；合理控制学生学习情绪。学习的引导者：鼓励学生大胆质疑；启发学生展开丰富想像；引导学生发现并纠正学习中存在的不足。学习的参与者：参与学生的诵读活动；参与学生的发现活动；参与学生的探究活动。

22. 中学生语文学习的特点

中学教学内容的增加和教学方法的变化，中学生生活经历的日趋丰富复杂，使他们的语文学习出现一些新的特点。

语文学习活动泛化

如果说，小学语文学习基本上是课堂的学习，学校和家庭的学习，那么，中学语文学习的范畴就已经大大地延伸，逐渐趋社会化，正所谓“语文学习的外延与生活的外延相等”。中学生所学的语文知识已经远远超出课本之外，举凡各种书籍、报刊、影视、戏剧、广告、招牌乃至整个社会和人生都是值得他们广泛深入学习的生动教材，成为他们涉猎和探求的对象；语文能力的训练也已经远远超出课堂范围。

比如：举办故事会、演讲会、辩论会、朗诵会、座谈会、主题班会、文娱晚会、时事报告会、模拟法庭、模拟记者招待会；办墙报、板报、小报、手抄报；写周记、日记、书信、观察笔记、调查访问记乃至进行文艺创作等。“少数语文水平较好的学生，你要问他的经验，异口同声说是得益于课外看书。”

语文学习实践活动的泛化，给中学生语文学习提供了一个广泛的智力背景，使他们在语文知识的学习中有了一部无比丰富生动的教科书，语文能力的训练有了一个大显身手的英雄用武之地。

学科学习兴趣分化

中小学生对于不同学科学习兴趣的分化，有的从小学高年级就已经开始，进入中学则日趋明显。中学生群体中对于语文学科的学习兴

趣呈现出日益分明的差异性。虽然一部分学生语文学习兴趣强化，越来越爱学语文，甚至立志终生从事语文工作，但是，这类学生却为数不多；而主要的、带倾向性的是相当一部分学生语文学习兴趣淡化，甚至出现偏科现象。

造成偏科这种状况的原因很多：学科爱好表现个人差异，随着青春期心理的发展，偏爱某些科目而冷淡某些科目，似乎是难于避免的心态；课程增加，学习负担加重，使中学生不可能还像小学时那样将主要兴趣集中于语文学习；独立思考和批判意识日渐形成，使他们对语文教学现状逐步感到不满，兴趣下降，有的甚至把学习兴趣从课内转向课外；“重理轻文”等社会风气的影响也使部分中学生学习语文兴趣不浓。但是，据对中学 *12* 门学科学习兴趣的调查，语文占“最喜欢的一门课”的第 *2* 位，占“最不喜欢的一门课”的第 *8* 位，这说明从总体来看，中学生还是喜欢语文课的。

语文学习理应受到学生和整个社会的重视。有一位学生说：“说我不爱语文吧，可我是爱看文章的，甚至连小弟的小学语文课本也愿意看；说我爱学语文吧，可上语文课我总不爱听讲。”由此看来，学生不喜欢的并非语文学科，而是某些语文课。只要努力改进语文教学，中学生的语文学习兴趣自然会逐步提高，语文学习兴趣的分化庶几可望得到遏制。

抽象思维训练强化

语文教学的根本目的在于培养学生理解和运用祖国语言文字的能力。语言的理解和运用都离不开思维。语言和思维具有密不可分的天然联系。语文教学的全过程，实际上就是语言训练和思维训练交互为用、相伴相依的过程。语文学习本身就是思维训练。青少年言语的飞速发展，为语文教学中的思维训练准备了充足的条件；青少年言语发展的迫切需求，为语文教学中的思维训练提供了良好的契机。中学阶段的语文学习促使这种思维训练强化。与小学阶段相比，小学语文学习虽然也抓阅读、说话和作文，但从整体教学要求和全部教学过程来看，它更多的是强调识字、写字、解词、造句、默读、背诵等，比较偏重于识记；而中学语文学习则提高了层次，强调正确领会词句含义，理解文章脉络层次，把握中心思想和写作特点，能写比较复杂的各类常用文章。

中学阶段比较系统地学习语文基础知识并进行能力训练，这就在识记的基础上大大加重了抽象思维的分量。从心理发展来看，中学生的思维逐步从经验型向理论型发展，从形象思维向抽象思维发展，知识和经验不断内化，反映在语文学习上则是理解和分析能力的明显加强。追踪、观察学生听课的表现不难发现，从低年级到高年级，他们逐渐变得不爱喊叫，由浮露的活跃转向冷静的沉思，实际上是思维训练在向深层拓进。

23. 高三文科学习、复习技巧

我们应当明确，学习的一个重要目标就是要学会学习，这也是现代社会发展的要求。21 世纪的文盲将是那些不会学习的人。所以，我们在学习中应追求更高的学习境界，使学习成为一件愉快的事，在轻轻松松中学好各门功课，在高考中取胜。

达尔文说过，“最有价值的知识是关于方法的知识”。谁能在“会学”上取得突破，谁就能将自己的学习潜能转变为现实的成绩。

千头万绪抓基础

要想学习好，基础知识的掌握尤为重要，而基础知识就是指课本知识，这一点同学们一定清楚。但在学习中，很多同学却不重视课本

的阅读理解，只愿意去多做一些题，因为考试就是做题。实际上这是一种本末倒置的做法，应当说，课本与习题这两方面都很重要，互相不能替代，但课本知识是本，做题的目的之一是能更好地掌握知识。

文科学习、复习时所做的事很多，千头万绪抓基础。有句俗话："万丈高楼平地起"，这是再简单不过的道理，但并不是每一个人都能切实地履行这条定理的。高中三年，不仅仅是高三一年的努力就能够锁定胜局，高一高二的基础尤为重要。几乎每一个经过高三的人都会说，我真后悔高一高二没有好好读书。

那么高一高二到底怎么读书呢？高一高二最重要的就是课本上的基础知识。与其把大量的时间花在课外习题和补课上，真不如注意课本知识的积累。把老师要给你的全部接收下来，到了高三你才能在复习中拿出宝贵的时间有的放矢地加强自己的薄弱环节。如果高一高二就把大量时间放在课外练习上，到了高三再回过去啃高一高二的课本，实在得不偿失。

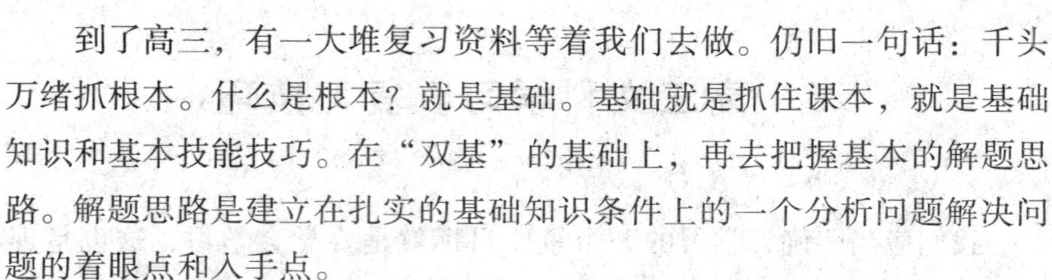

到了高三，有一大堆复习资料等着我们去做。仍旧一句话：千头万绪抓根本。什么是根本？就是基础。基础就是抓住课本，就是基础知识和基本技能技巧。在"双基"的基础上，再去把握基本的解题思路。解题思路是建立在扎实的基础知识条件上的一个分析问题解决问题的着眼点和入手点。

再难的题目也无非是基础东西的综合或变式。在有限的复习时间内要做出明智的选择，那就是要抓基础。熟能生巧，只有牢固掌握了基础知识，才会举一反三，随机应变。即使学科竞赛也是如此，有人认为，平时成绩不好，就走竞赛这条路，专攻某一方面，事实证明这是徒劳的，基础知识不扎实，竞赛就不会出成绩。总之一句话，千头万绪抓基础，基础就是抓住课本。

掌握科学的记忆方法

记忆是文科学习的基础，是否学好的一个重要标志就是看你是否记得牢，记得全，记得细。考试分数高低的一大原因就是看谁记得准。记得牢，记得全，记得细就能考高分，中学没有多么深奥的东西，尤其在现在这种高考大背景下，会不会记忆就是文科考试成败的标志。

记忆的方法最有效最常见的是：网络式复习。采用“网络式”复习法，即采用单元、章、节、标题、要点五个层次对教材进行梳理和编织记忆网络。最后做到脱离课本时只看大的单元，以单元想章，以章想节，以节想标题，以标题想要点。这样做，不仅记得仔细，对跨章节组织论述题的回答也十分有利。

如历史学科，历史课是一门机械死记量比较大的学科。很多材料，只能“死”记，要靠多次反复强化记忆。有很多需要背诵的东西，每一个历史事件的原因、人物、事件、年代、过程、结果、一些历史史料的要点等等。它可分为中国历史、世界历史两大部分，再分古代史、近代史、现代史。但要注意，要把记住的材料灵活运用，这就不仅要记得牢，记得死，还要理解，理解得活。又如，政治：高一经济常识、高二哲学常识、高三政治常识；地理：区域地理、自然地理、人文地理等。

另外，在知识梳理的过程中要会融会贯通，找到知识之间的内在联系，把一章章一节节的知识之间的联系找到。要从局部到全局，从全局中把握局部。

再比如说政治。大家都知道，政治应该分成政治、哲学和经济学这三部分。比如政治上热点专题部分，讲到“和谐社会”这个问题，你必然要从政治、哲学、经济学角度去考察。在三个角度中，每个角度都要去整理出“是什么”、“为什么”、“怎么办”等小分类。什么是和谐社会？为什么要建设和谐社会？怎么去建设和谐社会？以此类推，逐步细化。就是通过模块，一块一块逐步细化，再复杂的知识点都可以这样细化。我觉得这样记起来思路就非常清晰，就能化难为易。

建立学习目标与计划

凡事预则立，不预则废。恩格斯说：“没有计划的学习，简直是荒唐。”教育学家们一致认为先进学生和后进同学的差异，重要的一点是先进学生都有比较明确具体的学习计划，而后进学生大多是学到哪里算哪里，或教师指向哪里自己就到哪里，或教师指向哪里，自己也到不了那里，自己又管不住自己，每天在无所事事中度过。因此每位学生在开学伊始，必须制定自己的计划。

要把学习活动和其他活动有机地结合起来安排，学习和身体锻炼相结合。不要长时间复习同一门课程，也不要长时间采取同一种学习活动方式。不同学科复习时间的交叉安排，比如语文、数学、外语、生物、物理、化学等课程按照文理交叉的形式安排，不要长时间进行一门课程的复习；不同学习形式之间交叉安排，比如记忆、解题、阅读和知识整理等活动交替安排，不要长时间采取同一种学习形式

学习要有计划，复习更是如此。复习要根据老师的进度制定相应的复习计划，最好稍稍超前一点。这样上复习课时重点、难点、弱点了然于胸，就能收到很好的效果了。要注意不光是对所学内容进行温习，还要对相近、相反、相关知识点进行比较和辨析。还要讲究复习的策略，就是扬强扶弱。强科更强，弱科不弱。计划中对强科、弱科要分开对待。在考试的几个科目上，一个人有强有弱，是太正常了。有的同学是只补弱的，忽视了强的；有的同学是放弃弱的专攻强的。从整体看，都未见明智。强的里面不要有“水分”，弱的里面还要有突破。大概是十分高明的策略了。

注意建立“错题档案”

要总结哪种类型的题目经常出现思维障碍，分析出现思维障碍的原因，找到排除这些思维障碍的方法。“题不二错”，复习时做错了题，一旦搞明白，绝不放过。失败是成功之母，从失败中得到的多，

从成功中得到的少，都是这个意思。失败了的东西要成为我们的座右铭。根据我们对自己学生的统计，*90%* 的学生失分的 *90%* 都是自己以前失分的地方，教师评讲的 *90%* 是曾经重复强调过提醒学生注意的问题，无论是知识点还是思路。

语文，就是把一些基本点，像成语、字词记到笔记本上去，下课的时候翻一翻，基础题就可以过关，到第二轮复习的时候，要注意积累题型，因为第二段时间的复习，大家会进入到题海，有各种各样资料蜂拥进来，你首先把做错的题目记到一个笔记本上，虽然题目是综合性的，但是你可以重新把它归类，记在自己的笔记本上，多看几遍，当你再做这类题的时候可以继续做，一直做，直到过一段时间之后你能够把这道题结果做出来。可能高考考的题目都是我们平时看过或者接触过的，我们虽猜不到高考题，但是高考题应是我们平时做过的类似题。如果你平时没有做到，高考的时候一定会觉得非常非常遗憾。

注重知识的运用

要勤动手，避免纸上谈兵的情况出现。面对高考，要做题，做各种各样的题。力求通过多种形式的解题去练习运用知识。掌握各种解题思路，通过解题锻炼分析问题、解决问题的能力。通过做题，一方面强化知识，强化记忆；一方面寻找差错，弥补遗漏。以求更全面更深入地把握知识、提高能力。

对试题分类，总结解题规律。做题时要抓住试题的规律，即从一个有代表性的试题中发现此类问题的一般性规律，并举一反三，触类旁通。这样，学习就成为主动思考、探究的过程，不但感到轻松有趣，还可以大大提高效率。如，地理的解题规律、区位因素、农业、工业、交通等等。

复习的东西都是以前学过的，一般脑子里都是有印象的。常常碰到有的同学在复习时，看到这个知识点，觉得真简单；看到那个知识

点，认为已经掌握了。于是飞快地跳过去。殊不知许多东西，看似简单，真正运用起来就不是那么回事了。有很多细节问题都是你料想不及的，只有在实际做题过程中慢慢体会。所以要勤动手、要做，而且，熟能生巧，为了达到“快、准、巧”的目标，做一定量的题目是十分必要的。

第二章
学生提高文科能力故事推荐

1. 玑珠满腹的司马迁

司马迁，陕西韩城人，生于公元前145年，是西汉伟大的史学家、文学家和思想家。他用毕生的精力给后人留下了历史巨著《史记》。4岁进书院，7岁能把145篇《国风》倒背如流。

司马迁家是史官世家，父亲司马谈在司马书院教书，4岁的司马迁已是书院的学生。一天，司马谈授完课后，想考查一下学生的学习效果，于是，便叫王聪背诵《诗经·唐风》中的《蟋蟀》一文。

王聪开始背诵："蟋蟀在堂，岁聿其莫。今我不乐，……"下面想不起来，便用胳膊碰了碰同位的司马迁，司马迁会意，小声告诉王聪："日月其除。"王聪接着背："日月其余。"司马迁碰了碰王聪说道："不对，是日月其除，不是日月其余。"王聪接着背："日月其除。无已大康，职思其居。好乐……"下面又背不出来，又用胳膊碰了碰司马迁。

司马迁小声告诉他："好乐无荒，良士瞿瞿。"

王聪接着背："好乐无荒，良土瞿瞿。"

两人的小动作被眯着眼的司马谈发现。

于是便说："王聪，学习本是一件苦差事，不下苦功，怎能学到知识？不会就是不会，不能弄虚作假，知道了吗？"

王聪低头说："知道了。"

司马谈接着说："知错就改才会有进步，你要认真刻苦，明天还要叫你背，坐下吧。"

司马谈将目光转向司马迁，厉声说道："你全都会背了，是不是？来，从头到尾，将学过的这5首诗给我全背出来！若背错一个字，看我怎么处置你！"

司马迁站起来开始背诵，背完之后又继续背另一首："蒹葭苍苍，白露为霜。所谓伊人，在水一方。"

司马谈听他背的这一首还未学过，便说："好了！好了！你怎么将未学过的这一首也背出来了？"

司马迁回答："您不是常说饱学方能为士吗？"

司马谈内心欢喜，却绷着脸说："好了，好了，今后上课不准多话！"

司马迁年幼好学，不但勤奋，而且聪明绝顶，远近都知司马谈的儿子司马迁是史官世家后代，从小就玑珠满腹。

一次，外祖父杨鼎带年仅7岁的司马迁出席乡间文人的文学聚会，席间，一位40岁左右的儒士杜明把司马迁叫到眼前问："你今年7岁，对吧？"

司马迁回答："是呀！"

杜明又说："听人讲，你能把145首《国风》全部背出来，这是真的吗？"

司马迁落落大方地说："那还有假。"

杜明想当场验试，便说："那能不能请你来背给我们大家听听？"

司马迁干脆地说："当然可以。但不知杜先生是要我顺背还是倒背？"

司马迁出语惊人，在场之人无不愕然。周围的文人学士也都慢慢地靠拢过来，把这张桌子围得水泄不通。

司马迁却不慌不忙地站到一把椅子上，非常熟练地倒背起来："第145首，七月流火，九月授衣，一之日觱发，二之日栗烈。无衣无褐，何以卒岁？……"

司马迁声调抑扬顿挫，周围文人不由啧啧称道："嗯，真有水平！"

司马迁越背越有劲，145首《国风》在众人的掌声中全部倒背下来，众人无不惊呼："奇才！奇才！"

从此以后，司马迁更加努力学习，10岁时，便随父去了京都长安。在严父的教导下，他遍读史书，又在父亲的熏陶下，立志做一名历史学家。

长大后，司马迁遍游祖国各地，了解了各地历史和风土人情，这为日后编写史书提供了充足的史料。

做太史令后，他常随皇帝在全国巡游，搜集了大量的历史资料。他还遍读宫廷藏书，最后运用所学及掌握的大量史料，历时10年编写了历史巨著《史记》。

《史记》共120篇，约50万字，记述了从黄帝到汉武帝3000年的历史，被鲁迅称为"史学之绝唱，无韵之离骚。"对后世史学和文学有深远的影响。

2. 9岁指瑕《汉书注》的王勃

王勃（649～676），唐代的大文学家，初唐四杰中的佼佼者。作品以《滕王阁序》最为著名。公元675年，王勃去交趾省父，渡海遇险，溺水而死，年仅26岁。自幼遍读诗书，6岁时能写诗文，9岁时作《汉书注指瑕》，16岁已蜚声文坛。

唐朝高宗永徽年间，王勃出生在绛州龙门之地的书香之家——王家。王勃是户主王福畴六子中的第三子，从小酷爱读书。

一日王勃与两位哥哥正在谈诗论文。父亲王福畴和当地名望较高的两位文人走了进来。

王福畴对三人说："别高谈阔论了，快快拜见杜大人、范大人。"

三人作揖后，杜大人说："常来常往，无须多礼。你们王家以诗书传家，一代胜过一代。王勃，你过来。你经、史、子、集、诗、赋、骈文，无所不读，涉猎广泛，知识渊博。所写诗文，我已览阅，构思精巧，文采四溢。”

范大人表示赞同，并说：“王勃，你告诉我，你6岁就写诗文，你这写诗作文的灵感从何而来?”

王勃上前一步，作了个揖，谦虚地说：“大人过奖了。王勃只不过是凭一时兴起，随手写来而已，哪里谈得上什么灵感？但说真的，书读得多了，脑子也就灵了。我的目标是对前人的诗文学习借鉴，努力开创自己的风格，希望能够独树一帜。大人请勿见笑啊。”

杜大人听后，连连点头，又说：“当朝中专门研究训治之学的大人物中书侍郎颜师古在为《汉书》作注。听说你读了他的《汉书注》之后，竟发现了其中不少的错误，还写了10卷《汉书注指瑕》，可有此事?”

王勃坦诚地说：“确有其事。我认为，给古书作注乃是一门极其严肃的学问，不能有丝毫疏误，不然就会贻误后人。我在读《汉书注》时，发现了其中有不少错处，于是就记录下来，指出其错误所在，并予以改正。这些只不过是我个人的见解，不一定成熟。”

范大人想见识一下，便说：“可以拿出来让我们拜读拜读吗?”

王勃颇感高兴，便说：“正想请二位大人指教呢。”

于是，王勃去书房，取出《汉书注指瑕》10卷，递与二位大人，说：“王勃献丑。”

杜、范二人翻阅《指瑕》，不断惊呼：“此处有错，是呀!”“不错！这样说较为妥当!”等语。杜、范二人看完，拍案叫绝：“9岁儒生竟能指出大学问家的差错，堪为奇迹！此童禀赋超常，将来必大有作为！王大人，你这书香门第又出高人啦!”

王勃并未因二位大人的夸奖而骄傲自满，仍刻苦学习，作文练笔。

一日，家中有客人来拜访，父亲王福畤在客厅中招待客人，客厅旁边即是王勃的书房，在书房中，只见王勃端来一杯水，倒一些在一块大砚台中，拿起一块墨，不停地研了起来。研好之后，王勃洗了洗手，揩了一把汗，掀开蚊帐，蒙头就睡。

客厅中，客人对王勃的举动难以理解，就问王福畤：“你家公子研好墨，不作文章而上床睡觉，这是何种学习之法啊？”

王福畤笑答道：“这是小儿的一个习惯，他往往是研好墨，上床蒙头构思，然后开始写作，一气呵成。”

客人听后，思考片刻，频频点头，并说：“此乃打腹稿！贵公子有他的独到之处啊！”

王福畤陪客人闲聊，不多时，只见王勃翻身下床，走到桌前，铺好纸，拿起笔，一首五言绝句顷刻而就。

客人好奇地凑近桌前，王勃谦虚地说：“请伯伯指点。”

客人一看，这首五言绝句立意新颖，合仄押韵，而且一字不易，惊叹不已，连声称赞“贤侄奇才”。

公元664年，太常伯刘祥道巡行至关内，年仅14岁的王勃便上书刘祥道，提出了自己对治理国家的一些见解。

刘祥道阅览王勃的《上刘右相书》后，拍案惊呼：“14岁的孩童能提出如此精辟的治国方略，实为难得，此乃神童也。”遂吩咐左右去请王勃，对王勃的学识，赞叹不已。

不久后，刘祥道上奏唐高宗，将王勃9岁写《汉书注指瑕》十卷等事一一陈述，并称此童才华横溢，才思敏捷，最后向唐高宗举荐王勃为官，唐高宗随即封王勃为朝昔文郎。王勃在职其间，作有大量诗文。16岁已蜚声文坛。20岁出任虢州参军，后被革职。26岁时，写下名扬天下的《滕王阁序》，文采洋溢，辞真意切，流芳千古，历来为后人作文的范文。

公元675年，年仅26岁的王勃去交趾省父，途中不幸渡海遇险，溺水而亡。王勃是初唐四杰中的佼佼者，他以独特的诗文创作拉开了唐代文学的序幕，使光辉灿烂的唐代文学得以发扬光大。

3. 7岁的秘书省正字刘晏

刘晏，唐代著名的理财家，曹州南华（今山东东明）人，曾任过县令、京兆尹、盐铁史等职。幼年天资过人，7岁时，作《东封书》深得唐玄宗的赞扬，被封为秘书省正字。

唐代著名的理财家刘晏出生在曹州南华（今山东东明）。他幼年时天资过人，读书非常用功，小小年纪就会作一手好诗文。

一天，唐玄宗李隆基到泰山举行盛大的祭天典礼，7岁的刘晏听到这个消息后，由长辈领着从家乡曹州来到泰山行宫，向唐玄宗献上自己精心撰写的《东封书》，文中赞扬唐玄宗治国的功绩，写得非常出色。唐玄宗看了，大为惊奇。一个7岁的孩子竟能写出如此文词隽永的好文章来，唐玄宗对此有些怀疑，于是，就命宰相张说当面测试，看看刘晏是否有真才实学。

刘晏从小到大，从未见过这么大的场面，但他很镇静，一点儿也不怯场。张说出题面试刘晏，他出口成章。又问他一些学术上的深奥问题，他也对答如流，说得头头是道。令那些在场的大臣连连称是，交口称赞。经过当面测试，证实了《东封书》确实为刘晏所作。张说兴高采烈地向唐玄宗如实禀报了测试过程，并称刘晏是神童。唐玄宗大喜，便说："这孩子既然是个神童，就授予他秘书省正字的官职吧。"

唐朝时的秘书省是国家图书馆机构，内藏大量图书。秘书省正字，就是校正书籍中错误的官员。从乡下来到京城的少年刘晏，得到了一个很好的学习机会。他抓紧一切时间，如饥似渴地阅读大量藏书，使自己掌握了丰富的知识，学到了不少新的东西。

一次，唐玄宗在勤政殿观赏杂技演出，艺人王大娘表演了《戴

竿》，节目演的是王大娘顶长竿，有一座用木头制作的假山在竿顶上，山上有个小孩载歌载舞，边跳边唱。唐玄宗看了表演，非常高兴，便命人把刘晏叫来。刘晏见过唐玄宗后，杨贵妃忙把他抱过来，放到自己的膝盖上，问：“小神童，你刚才看得这个节目好不好？”

刘晏回答说：“好，很精彩！”

杨贵妃又问：“你能不能以这个节目为题作一首诗？”

刘晏沉思了片刻，吟道：

楼前百戏竞争新，
惟有长竿妙入神。
谁谓绮罗翻有力，
犹自嫌轻更着人。

这首诗，首先说节目精彩、好看，笔锋一转，最精彩的是哪一个呢？是王大娘的戴竿更美妙传神，一下子把在场人的注意力引到长竿上来。接着更进一步地说，王大娘的技艺多么精湛，力气多么大，人能在竹竿的假山上做各种动作，而王大娘还能轻松自如的表演。听了刘晏的《咏王大娘戴竿》诗后，唐玄宗和杨贵妃大加赞赏，特地把象牙朝板和黄色锦袍等贵重礼品赠送给他。

不仅如此，小神童刘晏还受到宰相张说的特别关心，他常常到秘书省来看望刘晏。一次，张说来了，刘晏正在埋头看书没有看见他，张说便问道：“秘书正字，你任职以来正了多少字呀？”

刘晏一看宰相大人来了，忙起身让座，礼貌地回答：“天下的字都正，只有一个字不正。”

张说问：“哪个字不正？”

刘晏道：“‘朋’字不正。”

“为什么？”

刘晏说："朋是由两个月字组成，月是歪向一边的。"

张说连声说："答得好，答得好！"

刘晏在书海中度过了他的少年时代，但是，他从不满足，坚持认真读书，不耻下问，虚心求教。长大以后曾任过县令、京兆尹、盐铁史等职，为官20余年来，一直主管财政，两袖清风，无贪无沾，清正廉洁，为时人和世人所称道。

4. 12岁妙改《鹭鸶诗》的苏轼

苏轼，北宋时期文学家、著名词人，豪放派的代表人物之一，出生在四川峨眉山脚下眉山县，父亲苏洵是当地有名的才子。生于书香门弟之家，自幼聪慧，在诗歌方面很有天赋。

苏轼小时聪慧过人。一天，苏轼带着弟弟苏辙到眉山镇西边的寿昌书院去上学。途中远远近近有许多莲池，池里莲花盛开，幽香扑鼻。苏辙比苏轼小3岁，一路上蹦蹦跳跳，快乐异常。

忽然，莲池里的一朵大莲花吸引了苏辙的目光，他便对哥哥说："哥哥，我要折下这朵大莲花，把它带到书院去。"苏辙说着，就要下池塘去折那朵大莲花。

苏轼连忙阻止弟弟，说："千万不可！池塘里的莲花美丽异常，路过的人都可以观赏，被你折了，别人就观赏不成了。再说莲花离不开水，它被折下后，花朵很快就会枯萎的。"苏辙听哥哥说得这样有理，也就不再叫嚷了。

寿昌书院的教书先生刘巨很有学问，平时喜欢写写诗，填填词，而且待人和蔼可亲，很受人尊敬。这天，他写了一首《鹭鸶诗》，先读给学生听，然后征求学生的意见，鼓励大家说话，借此也可以考察学生的学问是否有所提高。

“哥哥，这首诗写的是白鹭吧?”苏辙坐在苏轼一旁，轻轻地问哥哥。

“对，写白鹭羽毛雪白，正在水边捕鱼吃，打鱼的人忽然到来，把白鹭惊飞了，就像被风吹得歪歪斜斜的雪片。”苏武低声细语地在讲给苏辙听。刘巨见学生们不提意见，于是又说：“对我写的这首小诗，谁有不同的想法，请大胆提出来，提得不好，没关系。”老师说完，又把诗一字一句地读了一遍。

12 岁的苏轼听了老师的话，认真揣摩诗中含义，脑海里浮现出江岸边的大片芦苇，心里想，惊起的白鹭一定会落到芦苇丛里藏起来的，何况《诗经》上有“蒹葭苍苍，白露为霜”的诗句。苏轼想到这里，乌黑的眼珠转了一下，然后站起来，恭恭敬敬地说：“先生，您这首诗的末两句说：‘渔人忽惊起，雪片逐风斜’，我觉得‘逐风斜’改为‘落蒹葭’也许会更好一些。”刘巨暗暗吃了一惊。他细细品味一下修改的诗句，然后笑着夸奖说：“苏轼改得好，用词形象而又文雅。”同学们都对苏轼投来惊奇和羡慕的目光。

5. 才艺超群的少年李清照

李清照，北宋著名女词人，宋神宗元丰七年（*1084* 年）出生于山东历城（今济南）章丘，自幼遍读诗书，与词结下了不解之缘。幼时聪明伶俐，*10* 岁时已能作诗填词。

北宋大文学家、词人苏轼，门下有许多大文人，其中黄庭坚、秦观、晁补之、张耒，号称“苏门四学士”，还有李格非、廖正一、李禧、董荣四人，被人们誉为“后四学士”。

“后四学士”之一的李格非就是李清照的父亲，李清照幼时，天资聪明，伶俐无比。从小受到良好的教育和艺术熏陶。两三岁时，父母教说话、吟歌；四五岁时，教她读书认字；六七岁时，就让她接触诸子百家的文章，以及《诗经》、《楚辞》和唐诗等文学作品。10岁左右，李清照已经懂得了诗词韵律，同时还学着作诗、填词、绘画和书法等。

李家是官宦之家，家中常有贵客登门，皆是些饱学多才之士，他们凑到一起，往往饮酒赋诗，挥毫舞墨，兴致很高。少年时期的李清照，每次遇到贵客登门，总是在一旁认真地观赏和聆听。

李清照在学习、领会别人诗词的同时，自己也练习写作。她每创作一首诗词，总要反复琢磨，不断修改，直到自己认为满意了，才拿出来请别人指教。

有一天傍晚，薄暮冥冥，细雨纷纷，远山如黛，浓云如墨。李清照站在窗边，望着柳絮泉边，重重竹帘外梨花飘然落地，竹影摇曳多姿，不由挥笔填词，写了一首《浣溪沙》，拿起瑶琴和着音律，轻轻拨动，随声唱了起来。音律柔美，娓娓动听，客厅里的宾朋一听到这美妙的音乐，都停止了谈话，凝神听起来：

小院闲窗春色深，
重帘未卷影沉沉，
倚楼无语理瑶琴。
远岫出云催薄暮，
细风吹雨弄轻阴，
梨花欲谢恐难禁。

悠扬的琴声和着美妙的词韵不觉使宾客赞叹不绝，都夸此女为才女。晁补之问李格非：“此首词可是令爱所作?”李格非笑道回答：“小女信口胡诌，请多指教!”众宾客一听，更是赞不绝口，晁补之惊喜地说：“信口一唱，便成佳作，真了不起呀!”

谈兴正浓酒将尽兴，李格非兴奋之余，不禁把李清照平时写的一些词和诗拿出来，请这些博学的朋友们指点优劣。其中有一首《如梦令》写道：

昨夜雨疏风骤，
浓睡不消残酒。
试问卷帘人
却道海棠依旧，
知否？知否？
应是绿肥红瘦。

宾客们读完此首词，细细品味其中韵味，都不觉口出赞叹之语。晁补之称赞之余一语中的说：“李家出了个才女，日后必然名扬海内，成为词坛首屈一指之人物。

6. 18岁做《铜雀台赋》的曹植

曹植，字子建，生于东汉末年，是三国时代魏国诗人，在古代文学史上非常著名。天资聪颖，10多岁能够写辞赋。

曹植天资聪颖，刚过10岁就已读了几十万字的诗赋文章，能够大段大段地背诵出来。再长大一些，就陆续写出了十几万字的辞赋，不但情真意切，而且词采华茂，受到当时文人学士的盛赞，认为这位早慧的小才子的文学才华已经超过了比他大5岁的哥哥曹丕（曹丕也是有名的文学家）。

他的父亲曹操，不但是政治家、军事家，也是著名诗人。听别人在他面前夸奖曹植，就命儿子把平日写的诗文拿几篇来看一看。

曹植立刻选了一些诗文送给父亲，曹操看后大为惊奇，觉得别人说儿子文思敏捷、出口成章以至许多赞美的话，都不是信口开河，更不是为了当面讨好他才说的场面话。

可是，儿子年龄还小，能写出这样好的诗文吗？曹操有些怀疑，把曹植叫来，问他这些诗文的作者到底是谁，是否确是自己所写。曹植坦然地说："儿子写诗作文，从来是抒自己所感，写个人所思。别人的思想感情，跟儿子有什么关系呢？儿子决不会把别人的诗文当作自己的，请父王放心！"

曹植见父亲还没有完全消除怀疑，便诚恳地说：

"如果父王不信，不妨面度！"

曹操听罢，笑了一笑，不置可否。

后来，曹操命人建造的铜雀台落成了。这个铜雀台，是曹操用来作为文人聚会、饮酒赋诗的场所。曹操这时郴仅想趁机考一下曹植，而且想同时考考几个儿子的文才。在举行落成典礼那一天，他率领文武官员登台观赏，要儿子们也全部到场。

曹操对儿子们说："今日铜雀台落成，你们每人各作一篇赋，庆贺一番如何？"

当几个兄弟还在苦苦思索时，曹植很快就写出一篇《铜雀台赋》呈给父亲，使兄弟们都自愧不如。曹操读了这篇新作，进一步证实曹植才思敏捷，从此就另眼看待了。

虽然，铜雀台面试是曹植*18*岁时的事，但如果他不是童年早慧，打下良好的基础，怎么能比过兄弟们呢？

7．"还"字引起的官司

*1997*年*9*月*15*日，张某骑自行车行驶时被王某驾车撞伤，经交警

部门调解处理，王某赔偿张某医疗费6700元，并在欠条上注明欠款数额和日期。1998年5月13日，王某到张某家还款时，在欠条下方写下“还欠款伍仟柒佰元整”，但未签名。后张某索要欠款时，因王某称已还款5700元而发生纠纷。张某诉至法院，请求追回尚欠赔偿费5700元。

因欠条上写的“还欠款伍仟柒佰元整”的“还”字是多音字，而争议的焦点就在这个字上，究竟是“hai”还是“huan”？张某提供不出充分的证据。8月28日法院只得作出驳回其诉讼请求的判决。

8. 杨修巧解字

三国时候，曹操有个谋士叫杨修。他聪明颖悟，智识过人。曹操曾经建造了一座相府花园。花园门建成后，曹操亲自去看。手下人说：“请丞相看看这座门建的合适不？如果有毛病再改建。”曹操看了一会，也不说园门建的怎样，只是取笔在门上写一个“活”字就走了。手下人都不知道曹操的意思，很是着急，害怕没有按照丞相的要求进行改建将会受到责备，于是就请教相府的众谋士。别人都不知道是什么意思，唯有杨修说：“这是件容易的事。‘门’中‘活’字，乃是一个‘阔’字，就是丞相嫌园门太阔。”众人听后，都说有道理。于是，重新改造园门，改造完毕，又请曹操来看。曹操看后很满意，问道：“这是谁猜着了我的意思？”手下人说：“是杨修。”曹操当众把杨修夸奖了一番。

还有一次，有人从塞北送给曹操一盒酥。曹操在盒上写了“一合酥”3个字，放在桌上。众人见了都不了解丞相的意思，放了几天没人敢动一下。这时，杨修看见了，什么也不说，竟然把装酥的盒盖掀开，用汤匙分给众人，每人吃一口。事后，曹操问杨修：“你怎么把我的盒酥分给大家吃了?”杨修说:“丞相在盒上明明写着‘一人一口酥’,怎么能违抗丞相的命令呢?”曹操满意地点点头。

原来,曹操所写的“一合酥”,就是将“合”字拆为“人一口”,通读起来就是“一人一口酥”。

9. 多写一撇打了败仗

1930 年 5 月,中原大地上爆发了蒋冯阎大战。以冯玉祥、阎锡山为一方,以蒋介石为一方,在河南省南部摆开了战场,双方共投入了 100 多万兵力。

战前,冯玉祥与阎锡山约定在河南北部的沁阳会师,然后集中兵力歼灭蒋军。但是,冯玉祥的作战参谋在拟定命令时,把“沁阳”写成“泌阳”,多写了一撇。碰巧,沁阳和泌阳都是河南省的一个县;只不过,沁阳在黄河北岸,而泌阳却在河南南部桐柏山下,两地相距数百公里。这样,冯玉祥的部队就错误地开进泌阳,没能和阎锡山的部队会合,贻误了聚歼蒋军的战机,让蒋军夺得了主动权。在近半年的中原大战中,冯阎联军处处被动挨打,以失败而告终。如果参谋不多写那一撇,冯阎联军顺利会师,联合一起打击蒋军,中原大战的结局可能就得改写。

10. 毛泽东巧解字

在国共重庆谈判期间,毛泽东的一首《沁园春·雪》,以其大气磅礴的笔触,宏伟壮观的意境,在山城重庆的文艺界掀起了一场空前热烈的讨论。当时文艺界的名流,借谈判的空隙,邀请毛泽东作了一

次演讲。演讲结束后，有人问道："假如这次谈判失败，国共全面开战，毛先生有没有信心战胜蒋先生?"

毛泽东认真地说："国共两党的矛盾，是代表两种不同利益的矛盾。至于我和蒋先生嘛……"他故意拖了拖腔，又接着说，"蒋先生的'蒋'字，是将军的'将'字头上加一棵草，他不过是一个草头将军而已。"说着，他情不自禁地发出了豪迈的笑声。

"那毛——"

不待有人问完，毛泽东就接上去说："我的毛字，可不是毛手毛脚的'毛'字，而是一个反'手'。"意思就是：代表大多数中国人民根本利益的中国共产党，要战胜代表少数人利益的国民党——易如反掌。

毛泽东这一对姓氏的即兴解说，既风趣诙谐，又表达出了他本人对中国革命必胜的坚强信念。

11. 换了一个词，师出便有名

朝鲜战争爆发后，毛泽东决定中国出兵支援朝鲜人民民主主义共和国。开始，他和周恩来总理商量，决定用"中国人民支援军"的名字向朝鲜战场派兵。但在向民主人士征求意见的时候，黄炎培先生认为不妥。

黄先生说："所谓支援军，总是有人派出去支援的。那么是谁派的呢？是我们国家吗？我们是不是要跟美国宣战?"确实，如果用"支援军"的名义，事情便可能有点复杂化。

毛泽东一听，觉得有道理。他随手拿起笔，圈去"支援"二字，思索了一会儿，写下了"志愿"一词。毛泽东解释说："这不是国与国之间的战争。我们不跟美国宣战。我们是中国人民志愿军嘛，人民

志愿去朝鲜帮助作战。这是民间的联系，而不是国与国的对立。”

周恩来当即表示赞同：“对！志愿军在世界上是不乏先例的。马德里保卫战不就有其他国家的志愿军吗?”

黄炎培先生频频点头笑着说：“改得好，改得好，师出有名，战无不胜!”这一年中国就派出了抗美援朝志愿军，开赴朝鲜战场，支援朝鲜人民。

12. 具体和抽象

小华在写作文时，有个问题搞不懂，就问当老师的妈妈。

小华：“什么叫‘具体’?”

妈妈：“‘具体’就是看得见、摸得到的。”

小华：“什么叫‘抽象’?”

妈妈：“‘抽象’就是看不见、摸不到的。”

小华心领神会地“唰唰”在作文本上写了：“今天早上我起来，看见了我具体的妈妈，在烧具体的早饭。我打开具体的窗户，深深地呼吸了抽象的新鲜空气……”

13. 谁对谁错

从前有个旅店贴了一张广告，上面写着：“下雨天留客天留客不留。”一位旅客走来，要求住店。店主指着广告说：“你没看见写的广告：‘下雨天，留客天，留客? 不留’。”客人说：“我看见了。广告说得清楚：‘下雨天，留客天。留客不? 留!’”

其实，这句话还有另外两种句读方式：一种是疑问句式：“下雨天，留客天，留客不留?”一种是陈述句式：“下雨，天留客，天留，客不留。”

14. 谁是冠军

一场足球赛的战报写道：“这一场激烈的足球赛的结果山东队战败了北京队获得了冠军。”

第一个人看后说，这场足球赛山东队赢了。公报写的是：“这一场激烈的足球赛的结果，山东队战败了北京队，获得了冠军。”另一个人说，不对。战报上明明写的是：“这一场激烈的足球赛的结果，山东队战败了，北京队获得了冠军。”

15. 巧用标点救性命

清朝末年，慈禧太后请一个著名的书法家为她题扇。那位书法家写的是唐朝王之涣的诗：

黄河远上白云间，一片孤城万仞山；羌笛何须怨杨柳，春风不度玉门关。

由于疏忽，竟然忘掉一个“间”字，慈禧大怒，要问他死罪。那位书法家急中生智，急忙解释：“老佛爷息怒，这是用王之涣的诗意填的一首词。”并且重新断句，读给慈禧听：

黄河远上，白云一片，孤城万仞山；

羌笛何须怨？杨柳春风，不度玉门关。

慈禧听后，无话可说，赐银两为他压惊。

16. 先生的字据

从前，有个财主非常吝啬。一次他为儿子请一位教书先生。在讲待遇时，先生知道他平素对人很刻薄，就动了心思，和他立了个字据，上面写道：

无米面亦可无鸡鸭亦可无鱼肉亦可无银钱亦可

财主看了非常高兴，他想先生用膳不讲究，而且不用掏学费，感到是占了大便宜。到了年底，先生要找财主算账。财主哪里肯给，二人就一同到县衙去打官司。县官让财主将字据念了一遍，财主就按所立的字据念了一遍，先生却按标点的停顿念了一遍，这样就念成了：

无米，面亦可；
无鸡，鸭亦可；
无鱼，肉亦可；
无银，钱亦可。

财主一听傻了眼，只得将学费和饭钱付给了先生。

17. 只用标点符号的自传

在一次宴会上，美国著名社会心理学家巴尔肯博士提议：每人使用最简短的话写一篇《自传》，行文用句要短到甚至可以作为死后刻在墓碑上的墓志铭。于是乎大家凝神苦思，展纸命笔。

一个满脸沮丧神情的青年最早完成，他交给巴尔肯的“自传”只

有3个标点符号：一个破折号“——”，一个感叹号“!”，一个句号“。”。

巴尔肯问他是什么意思，年轻人凄然作色道：“一阵横冲直撞，落了个伤心自叹，到头来只好完蛋。”

巴尔肯略一沉思，提笔在这篇“自传”的下边，有力地划了3个标点符号：

一个顿号“、”，一个省略号“……”，一个大问号“?”。

接着博士用他那特有的鼓励口吻，对这位自暴自弃的青年说：“青年时期是人生一小站，道路漫长，希望无边，岂不闻‘浪子回头金不换’?”

18. “?——雨果。”

法国著名作家雨果将《悲惨世界》的手稿寄给出版社后，过了一段时间还不见此书出版。于是就给出版社去了一封信，内容只写了：“?——雨果。”很快，他便收到一封出版社的回信，内容也只有：“!——编辑室。”过了不久，轰动世界的《悲惨世界》便与读者见面了。这封信，被称为“世界上最短的信”。

19. 一诗变小剧

杜牧是我国唐代诗人，写过不少清丽生动的抒情小诗。

有一年正值清明节，他行旅之中遇上了下雨。纷纷细雨，正现春雨特色。然而出门在外的行旅之人，在这清明节，又怎能不触景伤怀?遇到这样的天气，怀着这样的心情，多么想找一小店，饮上几杯，以

便避避雨歇歇脚呀！路遇牧童一问，指给了酒家所在，真是不亦悦乎！正是基于这种意境，杜牧写出了《清明》一诗：

清明时节雨纷纷，
路上行人欲断魂。
借问酒家何处有？
牧童遥指杏花村。

这里，我们不去评论这首诗的美妙，而是说曾有人借助现代的标点符号，在对这首诗不增减一字的情况下，改编成了一个时间、地点、场景、人物、台词俱全的小剧。

（清明时节，雨纷纷。路上。）

行人（欲断魂）：借问酒家何处有？

牧童（遥指）：杏花村。

20. “推敲”一词的来历

唐朝有个诗人名叫贾岛，有一年他到长安赶考。

一次，他外出归来，在返回客店的途中，闲着无事，就在驴背上吟诵起不久前写的两句诗。

他觉得其中一句“僧推月下门”的“推”字还不怎么贴切，想用一个“敲”字来代替，但考虑了很久，仍然决定不下。于是，他反复吟诵着，一会儿做推门的手势，一会儿做敲门的动作，两只手不住地一上一下，一伸一缩。街上的行人看了大为惊奇，有的甚至当他得了神经病。

忽然迎面来了一支浩浩荡荡的车马队伍，原来是长安府尹韩愈出

巡。路上的行人见府尹来了，都急忙向两边回避。只有贾岛仍然骑着毛驴走在路中央出神地做着推敲的姿势，结果被鸣锣开道的差役们一把揪下驴背，提到府尹大人的轿子跟前问罪。

韩愈责问："你叫什么名字？哪儿人？干哪一行的？"

贾岛说："我叫贾岛，来京城赶考。"

韩愈问道："锣敲得这么响，你怎么没听到？干嘛不回避？"

贾岛回答说："我只顾在驴背上吟诗，什么也没听到，因此冒犯了大人，请大人恕罪！"

韩愈是当时著名的诗人、散文家，听说贾岛因作诗入迷，才冲撞了自己，情有可原。当即转怒为喜，用温和的语气问道："你做了首什么诗？快念出来听听。"

于是，贾岛把这首五言律诗一字一句地念了一遍，末了，还问韩愈：究竟用"推"字好，还是用"敲"字好。韩愈非常赞赏他认真严肃的创作态度，并建议把"推"字改为"敲"字。

贾岛请问他有什么根据。

韩愈说："从意境的角度看，山中夜晚，寺门紧闭，题目又写'幽居'；在那月光皎洁、夜深人静的环境中，忽然听到几下'梆梆'的敲门声，以动衬静，就更显出寺院的深幽沉寂。而用'推'字就显不出这许多好处来。"

贾岛听了觉得很有道理，就欣然接受了这个意见，决定用"敲"字。后来常用的"推敲"一词，即来源于此。

21. 春风又绿江南岸

一年初春时节，诗人王安石从扬州到了瓜洲渡口，归心似箭，想早日返回金陵钟山的寓所——他因变法失败而被罢相之后，一直住在

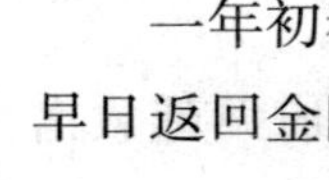

这里。他打算先坐船横渡长江，到对岸的京口（今江苏省镇江市）上岸，然后连夜赶路回钟山。

渐近黄昏，船快要靠近南岸，马上可以上岸赶路了，诗人不禁往西边眺望着，只见峰峦重叠，绵延不断，伸展到远方，最后被云雾所遮裹，看不到夕阳外的钟山。但它并不遥远，要知道，从京口到金陵，中间不过隔了几座山峰而已！船一靠岸，王安石第一个跳上岸，忽然一阵春风吹来，夹带着一阵使人心醉的花香。啊！诗人的脚步正好赶上了春天的脚步，双脚踏上了江南绿色的地毯。回望江北岸，只有那苍苍的暮霭和滚滚的烟波……这时，一轮明月从东方升起，它将伴随着诗人连夜赶回家中，与亲人团聚。王安石一时兴奋，随口吟出了一首绝句：

京口瓜洲一水间，钟山只隔数重山。春风又到江南岸，明月何时照我还？

他一路上反复吟诵着，思考着，总觉得第三句中的“到”字太平庸，也不够贴切。后来改为“过”字，读了几遍，又嫌不好；又改为“入”字——“春风又入江南岸”“咦，这象什么话？不好！”他自言自语着，然后又改为“满”字——“‘春风又满江南岸’，唉，越改越不象话了！”他又抛弃了“满”字，跑了十多里路，想了又想，改了又改，却总是找不到一个妥帖的字眼。最后，忽然想到在船上望见的绿色的山、绿色的水、绿色的田野和草木……绿，不正是江南春天的象征吗？何不用一个“绿”字呢？于是诗人大声吟诵道：

“‘春风又绿江南岸’——好一个‘绿’字！”

王安石到此才确定用“绿”字来取代“到”、“过”、“入”、“满”等字眼。第二天，诗人回到钟山的寓所，就立即把这首诗抄录在自己的稿本上。

22. 元帅发来紧急令

老舍先生是一位著名的作家，他经常会收到各家报刊的约稿信。一次《青年界》杂志的主编赵景琛向他迫切诚恳地约写一篇文章，老舍先生应约，很快写了一篇两千多字的文章。在给赵景琛寄稿时，附寄了这样一封信：

景琛兄：

元帅发来紧急令，内无粮草外无兵！小将提枪上了马，《青年界》上走一程。得！马来！

参见元帅。

带来多少人马？

两千来个人，还都是老弱残兵！

后帐休息。

得令！

这封信，老舍先生写得风趣形象，妙不可言，给人留下了极深刻的印象。

23. 画眉深浅入时无

唐朝有个叫朱庆馀的人，有一年他进京赶考，他先谒见了前辈诗人、水部郎中张籍，把自己的旧作和新篇都呈献给他过目，请求指教。张籍一向重视提拔和奖掖后进之士，他读了朱庆馀的诗篇，非常满意。

考期临近了，一天，朱庆馀又把一首题为《闺意献张水部》的新作给张籍看。张籍打开诗稿，琅琅有声地诵读起来：

洞房昨夜停红烛，
待晓堂前拜舅姑。
妆罢低声问夫婿：
画眉深浅入时无？

这首诗借闺房情事来隐喻考试。作者自比新娘，把张借比作新郎，把主考官比作公婆。“新娘”对“新郎”说：“我刚才画好的眉毛，深浅合不合时样呢？”意思是说：我的诗文是不是合主考官的心意呢？比喻生动，句式活泼，含蓄蕴藉，耐人咀嚼。

不久举行了考试，朱庆馀果然考中了进士，做了朝廷中的秘书省校书郎。

24. “突然”与“突然之间”

海明威的儿子在回忆录《爸爸教我写作》中写道：有一天早晨，爸爸说：“你自己写一篇短篇小说，不要期望写得很好。”我坐在桌子边，苦思冥想。用爸爸的打字机，满满地打出一篇故事，交给爸爸。

爸爸戴上眼镜，给自己倒了一杯酒，读了起来，我在一边等着。他读完之后，抬头看了我一眼。“非常好，吉格，比我在你这个年龄的时候写得好多了。我看要改的就是这个地方。”他指着稿子，“应把‘突然之间’改成‘突然’，用字越少越好——这可以保持动作的持续性。”爸爸笑了起来：“你可以得奖了，孩子，你很有想像力。”他相信我们家里又出了个优胜者，可以在学校短篇小说比赛中得头奖。

得奖的应该是屠格涅夫，因为这篇小说是他写的，我只是在抄录时变了变背景，换了换名字。我对这篇小说的惟一贡献是把“突然”改成“突然之间”。我抄录时估计爸爸没读过它，因为有几页还没裁开。

25. 诗的妙用

一个寒冷的冬天，纽约一条繁华的大街上，有一个双目失明的乞丐。那乞丐的脖子上挂着一块牌子，上面写着：“自幼失明”。有一天，一位诗人走近他身边，他便向诗人乞讨。诗人说：“我也很穷，不过我给你一点别的吧！”说完，他便随手在那乞丐的牌子上写了一句话。

那一天，乞丐得到很多人的同情和施舍。后来，他又碰到那诗人，很奇怪地问：“你给我写了什么呀？”那诗人笑笑，念牌子上他所写的句子道：“春天就要来了，可我不能看到她。”

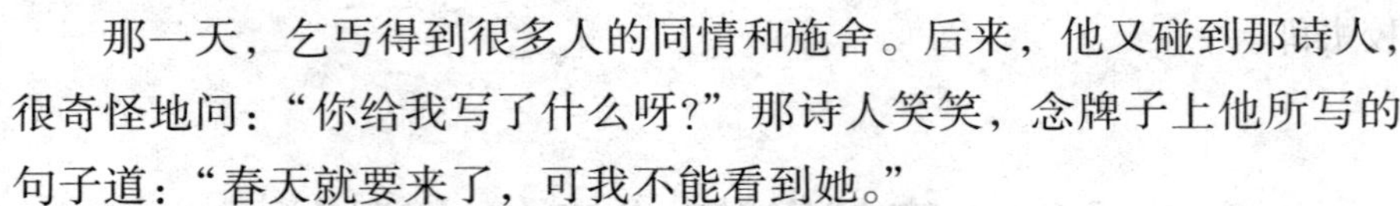

26. 虚词的妙用

北宋有个宰相名叫韩琦。有一次，他在相州修筑了一座昼锦堂，请散文家欧阳修写一篇文章。欧阳修答应了，不久写成，并派人把稿子送去。韩琦读了这篇文章，赞叹不已！

过了两天，韩琦又收到欧阳修派人送来的第二份稿子。还另外附了一张条子，上面写着8个字：“前有未足，可换此本。”韩琦把刚送来的稿子恭恭敬敬地拜读了一遍，觉得跟两天前的稿子毫无区别，一模一样，感到大惑不解。于是，又把前后两稿反复对照着朗读，终于

发现了微小的差别。原来初稿的开头两句是："仕宦至将相，富贵归故乡。"二稿在"仕宦"和"富贵"两个词后面各添了一个虚词"而"字，其他地方则原封未动。

韩琦摇头晃脑地吟诵着，品味着，猛然一掌击在案几上，连声叫好！这篇文章的开头两句添上了虚词"而"字，究竟好在哪里？为什么能博得韩琦如此的夸奖？原来，添上两个"而"字，就变成了"仕宦而至将相，富贵而归故乡。"这一改，不但使欧阳修散文的那种委婉曲折、摇曳多姿的笔调充分地表现出来，而且把前后发展的过程也反映出来，意思更加突出，语气也更为畅通了。

27. 曹子建七步成诗

曹植，字子建，是曹操的儿子，他与曹丕是同父异母的兄弟。曹操有好几个儿子，按照封建正统思想，曹操的君位应当传给大儿子曹丕，可是有的大臣和谋士表示反对，主张立第二个儿子曹植为太子，理由是曹植有雄心壮志，才能也比哥哥好。而支持曹丕的人势力也很强，双方各不相让。最后，曹操作出决定，确立曹丕为太子，打算死后传位给他。后来曹操死了，曹丕继位，称魏文帝。从此以后，曹植的处境一天比一天危险，日子一天比一天难过。

曹丕为了巩固自己的统治地位，常常想方设法迫害几个弟弟。

一天，曹植又从封地赶回京师朝拜皇上。这一次，曹丕下决心要置自己的亲弟弟于死地。等曹植上朝时，曹丕当着文武百官的面，命令曹植走七步路必须作出一首诗，作不出就判处死刑。朝廷上一片沉寂，气氛很紧张。有几个一向同情曹植的人也替他捏了一把冷汗。

人们把目光投向曹植，只见他举止从容，面不改色，文思敏捷，出口成章：

煮豆持作羹，漉豉以为汁。
其在釜下燃，豆在釜中泣。
本是同根生，相煎何太急？

这就是著名的《七步诗》。豆茎（即豆萁）和豆子本是同根所生。可是如今一个在锅（即釜）底越烧越旺，一个却在锅里受尽煎熬。曹植面对曹丕不择手段的迫害，发出了弱者凄厉的呼喊。

曹丕听弟弟吟完这首诗后，非常窘迫，一副狼狈相，终于不敢加害。朝廷上的气氛这才轻松了许多，几个同情曹植的人，心里也暗暗替他庆幸。可是，曹植由于曹丕和后来继位的魏明帝曹睿的接连不断的忌恨和逼迫，终于郁闷而死，只活了 *41* 岁。

28. 陶渊明赋《归去来兮辞》

陶渊明是东晋著名的田园诗人。他所处的时代，危机四伏，统治阶级内部争权夺利，十分混乱。

公元 *405* 年 *8* 月，他迫于生计，又出任彭泽县令，每月薪水只有五斗米！陶渊明上任以来，也没有大的作为。公务办完之后，就到后衙院子里赏赏菊，喝喝酒，吟吟诗，不觉秋去冬来，天气渐冷。一天，他刚处理好一桩案子，准备到房间里休息一下。这时，有个县吏前来禀报：

“本郡刺史李大人派督邮张大人来我县视察，已到城外驿站了。请老爷赶快到城门口迎接，不可怠慢！”

浑身疲乏的陶渊明纳闷了半晌，县吏急得团团转，再三催促他束紧腰带，整好帽子，穿戴整齐，见到督邮大人后必须恭恭敬敬，笑脸相迎。陶渊明向来为人正直，蔑视权贵，不习惯于在上司面前打躬作揖，点头哈腰。他踌躇片刻，就对县吏说：

“烦你转告一声，我陶渊明怎能为了五斗米的俸禄而出卖自己的人格，向那个乡里小儿张督邮低头弯腰呢?”

说完，他毅然摘下乌纱帽，脱下七品官服，取出官印绶带，一并放在桌子上，回房里换了一身布衣，卷起铺盖往背上一摞，大踏步跨出了县衙门，辞职不干了。他从中秋就任彭泽县令，到初冬辞职还乡，在官只有80多天，从此永远离开了官场。

回家之后，虽然住房拥挤一点，生活清苦一点，可是陶渊明的心情十分舒畅，逍遥自得，无拘无束。喝几口淡酒观赏花木，读书弹琴，走亲访友，散步遣心，有时还种种地。第二年春天，万物复苏，欣欣向荣。他喜欢坐着柴车，或者划着小船，游山玩水，吟诗作赋，就像笼子里的鸟儿，一旦飞向天空，投身于大自然，真有说不出的自由快乐。

晚上，陶渊明突然来了灵感，他走进自己的书房，磨好墨，铺好纸，奋笔疾书。他把白天酝酿好的一篇韵文一挥而就，前面还加了一段序文，写完后读了3遍，改了几个字，终于定稿。这就是表明诗人洁身自好，蔑视富贵，酷爱自由，被传诵千古的名篇《归去来辞》。

29. 范仲淹写《岳阳楼记》

范仲淹不但是北宋时期杰出的政治家，而且也是一位优秀的文学家。

宋仁宗时期，巴陵太守滕子京重建了驰名遐迩的岳阳楼，并想请好友范仲淹写篇《岳阳楼记》。他先请了当地一位画家，画了一幅《洞庭晚秋图》，然后写了一封长信，详详细细地介绍了岳阳楼的建筑

结构、外貌特征、地理位置、附近的湖光山色，气候环境以及与此有关的历史人物和文章诗赋。信写好之后，立即派人送到邓州（今河南省南阳市），交给范仲淹。

范仲淹读了好友的信，看了图画，盛情难却，就决定起草，可是刚一举笔，就想到难度极大：一是自己毕竟没有亲临其境，必须借助于想像力，不能出一点差错；二是岳阳楼之大观、洞庭湖之胜景，早已被前人说尽了，如果单是写景，意思不大。他想，要写好这篇文章，必须即景抒情，有所寄托，而且必须写人，通过对迁客骚人和古之仁人的对比衬托，颂扬后者忧国忧民的高尚情怀。只有这样写，才不至于停留在单纯的景物描写上面，才会使文章高超，境界开阔，给人以有益的启迪和熏陶。

主意打定之后，范仲淹又经过一番深思熟虑，终于正式动笔。笔力千钧，一挥而就，几经修改，方才定稿。

滕子京读后大喜过望，传给僚属们观看，一个个都叹赏不绝。于是，滕子京立即请书法家将《岳阳楼记》全文抄写一遍，再命工匠把它刻在由 *12* 块檀木板组成的屏风上，黑底绿字，笔力遒劲，刀法苍老。从这以后，范仲淹的《岳阳楼记》就成了千古传诵的名篇。岳阳楼也因此而驰誉四海，闻名天下。

30. 王勃写《滕王阁序》

唐朝初年，有一位才华横溢的年轻作家名叫王勃。有一次，他从山西南下，路过江西南昌，参加了都督阎公在滕王阁举行的宴会。宴会上，阎公让所有到会的名士文人为滕王阁作序，其实他事先已暗地通知自己的女婿孟学士打好草稿，到时候当众露一手，显一显才能。但在宴会上，他还是假惺惺地拿出纸笔，逐个传递下去，请宾客们作序。大家都客气地推辞了。当纸笔传到王勃手里时，他竟毫不谦让，挥笔就写。阎公气得直瞪眼睛吹胡子，板起面孔退到另一个房间去，只派了个小吏跑到王勃跟前，看他写些什么，并随时来报告。

第一次报告说："文章开头是：'南昌故郡，洪都新府。'"阎公说："这不过是老生常谈，没有什么新意。"第二次报告说："接下去两句是'星分翼轸，地接衡庐。'"阎公听了，不禁陷入沉思，半晌说不出话。

后来又报告说："现在是这么两句：'落霞与孤鹜齐飞，秋水共长天一色。'"阎公听了，大吃一惊，猛然从座位上跳起来，说："这后生可真是个天才，他的文章必将永垂不朽！我刚才怠慢了他。"说完就急忙到宴席上，看王勃把《滕王阁序》写完，并向他道贺，众宾客也一致称赞这个青年的才能。大家开怀畅饮，尽欢而散。

31. 长安米贵

白居易是唐朝有名的大诗人，很早就展露了才华。一年，他到长安参加进士考试。唐代有这么个风气，举子为了争取考上进士，在正式考试前，往往拿着自己的诗文稿子向当时有名望的前辈作家请教，希望他们向主考官作有力的推荐。

一天，白居易也带着自己的诗稿，去拜访当时的老诗人顾况，希望得到指教。顾况看过名片，觉得"白居易"这个名字有点特别，与众不同，就马上接见了他。

顾况审视着眼前这个身材瘦长、口舌生疮的青年人，略显文弱，貌不出众，猜不透他肚子里究竟有多少学问，就带着一种半开玩笑半教训人的口吻，慢条斯理地说："长安的大米一向很昂贵，新近又涨了价，你想要在这儿白白地居住下去，可不那么容易啊！"说话时，

还故意把“白”、“居”、“易”3个字音读得很重，然后哈哈大笑起来。

这时，白居易还是恭恭敬敬地把自己的诗稿献上去，请他指点。顾况接过诗稿，翻开第一页，一边捋着胡子，一边轻轻地吟诵道：

离离原上草，一岁一枯荣。
野火烧不尽，春风吹又生。
远芳侵古道，晴翠接荒城。
又送王孙去，萋萋满别情。

顾况反复读了几遍，细细体会一番，感到确是一首好诗。他对“野火烧不尽，春风吹又生”一联格外欣赏，禁不住拍案叫绝！

“你今年几岁？”顾况问道。

“虚龄29岁。”白居易答道。

“你写这首诗的时候几岁？”

白居易略一沉思，回答说：“16岁。”

顾况大为惊奇，接下去又一口气读了10多首，感到每一首都写得既通俗易懂又情真意切，有独特的风格。他拍着白居易的肩膀，严肃地说：“你写出这样好的诗，要在京城里‘居’下去就不难了。我刚才不过是跟你开了个玩笑，请你不要见怪！”

这一年，白居易因考试成绩优异，加上顾况的热心推荐，所以一举考中了进士。

32. 抱佛脚

传说古代，在云南省南部地区有一个小国。这个国家从上到下都信奉佛教，所以，那地方寺庙多，僧侣多，信徒也多。

有一次，一个罪犯逃跑，由于官府追得急，犯人几乎无处可逃。眼看就要被抓到了，那犯人急中生智，想出了一个办法：他用最快的速度，拼命地跑向一座寺庙。跑到庙里，他赶紧跪倒在一尊大佛之前，抱着大佛的脚苦苦哀求。一边嘴里喃喃地念诵佛经，表示认罪和悔过，一边不停地磕头。追捕的人赶到庙里，看到这犯人正在虔诚地忏悔，泪流满面、额头青肿，觉得他确有悔改之心，于是将他赦免了，没再逮捕他。这件事后来传开了，在民间就产生了一个俗语叫做“闲时不烧香，急时抱佛脚”。

与这俗语有关的，还有这么一件事。

北宋时，宰相王安石有一次与宾客们闲谈，谈起关于佛学的一些问题，王安石想到自己年事已高，且官场坎坷，于是感慨地说道：“我老了，也该跟和尚去作伴了！”说完之后，随口吟了一句：“投老欲依僧”。不料，身旁的一位宾客却顺口接了一句：“急时抱佛脚”。王安石一听，笑了笑说：“我这句可是古诗呀！”那宾客毫不退让，也笑着说：“我这句也是俗谚啊！”众人一听，连连点头。

笑声中又有位宾客说：“你们这两句各省去一个字也很不错。上句去头（实际上是‘投’字），下句去尾（实际上是‘脚’字），就更有意思了。这样就变成了‘老欲依僧，急时抱佛’，岂不更妙？”大家一听，笑声不止。

后来“抱佛脚”就成了一个惯用语，它往往比喻平日毫无准备，事到临头，才想办法去应付的那种情况。

33.“寸阴”的来历

日晷是我国古代的一种计时仪器。据史书记载，我国早在汉代以前就已开始用日晷来计时了。日晷由晷盘和晷针两部分组成：晷盘为石质，四周刻有子、丑、寅、卯、辰、巳、午、未、申、酉、戌、亥12个度，用来表示时辰；晷针为铜质，立于晷面正中垂直于晷面。晷针的影子指向晷盘的某一位置，便可知道是白天的某一时刻。“寸晷”指一寸长的影子，借指时间。“一寸光阴”，就是晷盘上晷针的影子移动一寸距离所耗费的时间。

汉唐以后，在一些诗文中开始出现“寸阴”、“寸晷”、“分阴”等词语。唐末诗人王贞白，早年在江西庐山五老峰下的白鹿洞书院读书时，曾写下《白鹿洞诗二首》，其中一首中就有“读书不觉春已深，一寸光阴一寸金”的句子，这也是“一寸光阴”的最早出处。

34. 问津

有一次，孔子带着弟子坐车去外地，来到了一条不知名的大河边，只见那河水滔滔，奔流不息，却看不见一个渡口，怎么办？只好派子路去“问津”（即打听渡口）。这子路姓仲名由，子路是他的字。他常常陪伴着孔子，是一个很受信任的弟子。

子路离开河边后，看见两个人正在一起耕地，于是赶忙来到他们的面前。子路恭敬地向其中一人问道：“请问先生，这条河的渡口在哪里？”

这人没有直接回答，却望着前边的马车问道：“那坐在车上，握着缰绳的人是谁呀？”“是孔丘。”子路回答说。

“是鲁国的孔丘吗？”这人又问道。

“正是，正是！”子路高兴地说。子路心想既然知道夫子，那就很好办了，他一时觉得更亲近了些。

不料，那人却皱起了眉头，很有些不满意地说：“既然是鲁国的

孔丘，他周游过各国，自然应当知道渡口在哪里呀！”说完，他照样耕地，不再理睬子路了。

子路只好向另一人打听。

另一人看了看子路问道：“你是谁呀？”

“我是仲由。”

“是鲁国那个孔丘的弟子吗？”

“是，正是。”

子路刚刚说完，这另一人却感慨地说：“整个天下就像洪水泛滥一样，乱糟糟的，谁能够变呢？你与其跟着孔丘逃避那种无道的君主，还不如跟着我们这些逃避乱世的人哩！”他说完，便头也不抬，继续在播种。

子路碰了个钉子，只好如实地告诉孔子。孔子感叹地说：“我们不能同山中的鸟兽在一起呀。我们不同世人在一起，跟谁在一起呢！天下要是清明，我自然也就不用费心了。”说完后还感慨了一番。

故事中的“问津”二字后来就成了一个常用词。“津”是渡口，“问津”的原意就是打听渡口。引申以后常用比喻探问途径或询问情况，或者表示某种关注。现在常用于否定句式中。如：无人问津；不敢问津。

35. 问鼎

春秋时期，有一年楚庄王带领军队去攻打一个叫陆浑的少数民族部落，军队来到了洛水一带。

楚庄王为了向周王朝炫耀自己的实力，就在洛水附近，周朝（这时期周王朝已经衰落，实际上相当于一个诸侯国）管辖的一个地方，进行大规模军事演习。楚王神气十足地检阅军队，实际上是向周朝示威。

在这情况下，周定王就派大夫王孙满带着礼物去慰劳楚军。楚庄王在与王孙满交谈时，十分关心周朝的九鼎，一再问起它有多大，有多重。

对楚王的过分关心，详细的询问，王孙满心中极为反感，但在这种场合下，只好耐心解释。他回答楚王说："鼎的大小，轻重是在于德，而不在于鼎的本身。从前夏朝正是有德的时候，就让九州的长官进献铜器，后来铸造了九鼎。以后夏桀（夏期末代君主，是位暴君）昏乱无道，致使夏朝灭亡，九鼎就传到了商朝，前后长达600多年。由于商纣王（商朝末代的君王）荒淫暴虐，商朝灭亡，九鼎又到了周朝。可见，只要德行好，鼎即使小，但影响还是很重要的；反之鼎既使大，也会是轻的。上天赐福给有德之人。周朝现在德行并未衰落，天命也没有改变啊！"说到这里，王孙满看了看楚王，然后严肃地说："对九鼎的轻重可是不能问的啊！"很委婉地批评了楚王。

这"九鼎"是自夏以来，经过商朝传到周朝的，在当时不是一般的器物，而是传国之宝。只有得到天下的，才能拥有它，是帝王地位的象征。

楚庄王之所以一再打听九鼎，是有灭亡周朝的图谋，王孙满心中很不满意。

词语"问鼎"就是这么来的。"鼎"本是古代煮食物的一种器具，在这里是专指夏商周三代以来的传国之宝——九鼎，它是王位、帝业的象征。所以"问鼎"后来就是指图谋夺取政权。如：问鼎中原，引申起来应有夺取天下的意思。

36. 染指

春秋时期，有一次郑国的两位大夫子家与子公去晋见郑灵公。他们在等着接见的时候，子公的食指突然轻轻地颤动起来。子公就伸出手指给子家看，并且笑着说："这可是个好兆头呀！"

子家忙问："这能预示什么呢？"

"我有过这种体验，以往食指一颤动，就有口福，总能尝到好吃的东西，我估计今天也不会例外！"子公满有把握地说。

子家听了后，淡淡地笑了笑。

一会儿，郑灵公接见了他们。当他们经过走廊走进接见厅时，瞥见另一室内一位厨师正在案板上用力在切大甲鱼。子公用眼瞟了一下子家，两人禁不住都笑了起来。

"你们笑什么呀？"郑灵公好奇地问道。

子家就把刚才的情况如实以告。

郑灵公解释说："大甲鱼是楚国派人送来的。"他心里琢磨：你的食指颤动，就肯定能吃到美味，不见得吧！

没多久，甲鱼烹饪好了。郑灵公请了几位大夫来品尝，子公、子家也都在座。郑灵公很客气地让让这位，让让那位，偏偏不请子公动筷子。

看着这情况，子公气极了，他想这不是故意让我难堪么？他越想越气，浑身都哆嗦起来了。他想：你不让我尝，我就偏要尝尝。于是他伸出手指，用力在盛着甲鱼的鼎（古代煮食物的器具，三足两耳）里蘸了蘸汤，尝了尝滋味，然后转过身，怒气冲冲地走了。

由这件事后来就产生了一个词叫"染指"。"指"是手指，"染"是沾染，指的是用手蘸一蘸。这本来的意思，后来一般都不用了，而

人们常常用它的引申义，就是用它来比喻获取那本不属于自己不应得到的利益，是贬义词。

37. 江郎才尽

古时候有个叫江淹的人，年轻时虽然家境贫寒，可他读书却很用功，诗文写得极好。

江淹看到他的作品在当时很受欢迎，渐渐骄傲自满起来。尤其做洪禄大夫后，更加不像以前那样刻苦了。到了中晚年，江淹的诗文越写越差劲，退步非常明显，根本没有写出过什么象样的作品。

历史上关于他诗文退步的原因，还流传着几个故事：相传他有一次坐船出游，船停泊在禅灵寺外的岸边。他夜晚梦见一个自称张景阳的人向他讨取一匹绸缎，他从怀里掏出剩下的最后几尺。从此以后，他写出的文章就枯燥乏味了。又传说他有一次在冶亭睡午觉，梦见一个身躯魁梧的男子汉，自称郭璞，向他借一枝五彩笔，他从怀里掏出笔交给郭璞，从此以后，江淹写的诗篇就缺乏诗味，绝无佳句了。

江淹年轻时很有才能，到老反而明显退步，文思迟钝，大不如前。因此，当时就有人说他“江郎才尽”。后人就将某某人文思枯竭，学问日下称为“江郎才尽”。

38. 一字千金

吕不韦是秦国的丞相。当时，秦王年幼，吕不韦大权独揽，气焰逼人。为了树立他的威信，吕不韦让他的门客汇合诸子百家学说编写了一部杂家著作。书编好之后，他就亲自命名为《吕氏春秋》，以区别于孔子写的《春秋》。为了扩大这部书的影响，他下令把全书反复修改定稿，然后抄在竹简上，公开陈列，让天下人阅读。吕不韦命人在秦国都城咸阳的南门外，把无数块竹简，用丝绳贯穿着，或用牛皮带连结着，分上中下三排，靠着城墙一字儿摆开，连绵数里。还将一千两黄金悬挂在城楼上，由士兵守护着，并到处张贴告示：谁要是能够给这部书增添一个字或者删减一个字，增减后文辞超过原文的，立刻赏以千金。

从咸阳城内和全国各地赶来读《吕氏春秋》的人络绎不绝。可是过了10天，还是没有一个人提出修改的意见，千两黄金依旧在城楼上闪闪发光。这就是“一字千金”的来历。

后来有人认为，这部书虽然写得很精炼、生动，言之有物，但也不是好得连一个字也不能增减。主要是因为当时人害怕相国吕不韦的显赫权势，怕得罪了他，招来不测之祸，自讨苦吃，所以没有一个人敢大胆地提出修改的意见。

39. 两袖清风

明朝后期吏治很坏，许多地方官极力搜刮，敲诈勒索，无所不为，害得广大百姓叫苦连天。

当时，有一位清廉正直的官员于谦。他很关心农民的生产，体恤百姓的艰难，在地方上替人民办了不少好事。他每次进京只坐一辆轻便马车，除了自身要用的行李物品外，什么礼品都不带，进京后无论朝见皇帝还是会晤官僚，一个子儿也不送。

有人惊奇地向他问起这是怎么回事，于谦哈哈大笑，举起两只袖子晃了晃，诙谐地说：“我只有这两袖清风！”接着又吟了一首诗，题目叫做《入京》：

手帕蘑菇与线香，本资民用反为殃。

清风两袖朝天去，免得闾阎话短长。

“两袖清风”后来就作为成语，意思是做官清廉，除俸禄别无外快。“朝天”，指入京朝见天子。“闾阎”，里巷的门，泛指街巷、市井，这里借指普通老百姓。

于谦的英名跟“两袖清风”这个成语一道流传了几百年，并将一直流传下去。

40. 霜叶为何红于二月花

我们从外表来看，植物的叶子大都呈绿色，这是因为绿色植物叶肉里有一颗颗绿色的小粒，人们称它为叶绿体。叶绿体内含有叶绿素、叶黄素、胡萝卜素等色素。在通常情况下，叶绿素的含量占有绝对的优势，它把其它色素都掩盖了。色素对阳光中的红、橙、黄、绿、青、蓝、紫七种颜色的吸收是有选择的。说来也怪，叶绿素对红光和蓝光吸收较多，而对绿光却不吸收，还要把它反射出来。因此，我们看到的植物叶子，在一般情况下是呈绿色的。可是，当秋天来临时，秋风带来了一阵阵寒气，叶子里面的叶绿素抵挡不住低温的影响，开始变得呆滞起来。新的叶绿素很难形成，原有的叶绿素又被破坏，而叶黄素这时却依然如故，没有遭到破坏，相比之下，绿色减退，黄色加浓，大部分植物的绿色衣衫换成了黄色。枫树、乌柏树等叶子，为什么又变成了红色呢？原来，这是它们在巧妙地做过冬准备。当冬天到来之前，这些植物为了御寒，将体内一些复杂的有机物转化成糖分。细胞液里的糖分增加后，细胞间隙里的溶液就不易结冰，这就增加了植物的抗寒能力。当糖分增多后，植物叶子里的花青素却容易形成了。而花青素正是使植物叶子呈红色的主要成分。枫树在秋天里叶子中的花青素增多，便出现了“霜叶红于二月花”的现象。

41. 猿声为何啼不住

“朝辞白帝彩云间，千里江陵一日还。两岸猿声啼不住，轻舟已过万重山。”李白这首情景交融、有声有色的绝句，表达了诗人轻松愉快的心情，也反映出轻舟飞驶的状态。

为什么“两岸猿声啼不住”呢？英国科学家波尔·杰丁通过到热带丛林实地考察并用仪器测量，终于发现了猿啼的秘密。

每天清晨，当第一道阳光照射到树梢上的时候，长臂猿的大合唱便打破了森林的静谧。雄猿首先领唱，几分钟后，雌猿也加入伴唱，直到太阳升起时才结束。早饭后，合唱继续进行。波尔·杰丁发现，猿啼与它们的“一夫一妻”制的家庭生活有关。一般猿每隔两三年产子猿，子猿长到七八岁时，才开始离开父母独立生活。已经成熟的雄猿为了求偶就要不停地发出求偶的啼叫，直到邻近的雌猿闻声进入它的地盘与它结成夫妻，建立家庭为止。这个家庭还有规矩：未成熟的小雄猿在家中不许单独啼叫，以免招来异性。不过，当父母不在家时，小雄猿有时也会偷偷地叫上几声。

建立家庭后的母猿仍会不断地啼叫：一是为了保卫家庭的地盘和维护一夫一妻制而不许别人侵犯；二是呼唤离家的子猿。

1987年，中国科学院的一个考察组在三峡一带发现了长臂猿的下颌骨化石，证明长江三峡过去有过长臂猿的活动。因此，李白途经三峡时听到猿啼也就是十分自然的事了。

42. 狄更斯脱离困境

狄更斯是英国著名作家，不但文才出众，而且机智过人。有一次，狄更斯正在一段江岸上钓鱼，一个陌生人走到他身边问道："怎么，你在钓鱼？"狄更斯不加思索地说："是啊！今天真倒霉，钓了半天，一条鱼也没有钓到；可是昨天，也是在这个地方，却钓到了15条鱼哩！"陌生人说："是吗？你昨天钓得不少啊！"接着，陌生人又说："你知道我是谁吗？我是这个地方专门检查钓鱼的。这段江上是禁止钓鱼的！"说着，这个陌生人就拿出了发票簿，要给狄更斯开票罚款。

狄更斯看到这情景，灵机一动，连忙反问："那么，你知道我是谁吗？"陌生人被他这一问搞得摸不着头脑。狄更斯紧接着对他说："我就是作家狄更斯，你不能罚我的款，我说的事是虚构的，因为虚构故事是我的职业。"

陌生人一时想不出反驳的话，只好让狄更斯走了。

43. 小孟郊巧对挫钦差

唐朝有个才子叫孟郊，虽然出身寒微，但读书用功，文才卓著。一年冬天，家乡闹灾。皇上派钦差大人来了解灾情，县太爷大摆宴席，为钦差大人接风。

正当县太爷举杯说："请"，钦差大人点头应酬的时候，身穿破绿衣裳的小孟郊走了进来，县太爷一见，眼珠一瞪："去去去！来了个小叫花，真扫雅兴！"

小孟郊气愤地顶了一句："家贫人不平，离地三尺有神仙！"

“嗬，小叫花，你不要狮子开大口，我倒要考考你，我出个上联，你若是对得出，就在这里吃饭；若是对不出，哼，就判你私闯公堂，打断你的腿！”钦差大人阴阳怪气地接嘴道。

“请吧。”小孟郊一点也不怕。

钦差大人摇头晃脑地说：“小小青蛙穿绿衣。”

小孟郊不慌不忙地对道：“大大螃蟹着红袍。”

钦差大人一听，气得浑身像筛糠，但有话在先，不好发作，三杯酒入肚，又神气活现，他斜了眼小孟郊，说道：

“小小猫儿寻食吃。”

小孟郊看着馋狗啃骨头似的钦差大人，看着溜须拍马的县太爷，怒气冲冲地回道：

“大大老鼠偷皇粮！”

钦差大人、县太爷不听则罢，一听，吓得目瞪口呆，出了一身冷汗，再也神气不了啦。原来他们吃的正是救灾的银子啊，做贼心虚嘛！

44. 李白和崔颢赛诗

李白和崔颢都是唐朝有名的诗人。

诗人崔颢到黄鹤楼游览。他登上高楼，举目北望：在夕阳的返照下，对岸汉阳的龟山上，树木历历可见；江中的鹦鹉洲头，芳草萋萋而生。诗人漂泊江湖，去国怀乡，一股猛烈冲动的感情促使他提起笔管，在墙壁上题了一首七律《黄鹤楼》：

昔人已乘黄鹤去，此地空余黄鹤楼。
黄鹤一去不复返，白云千载空悠悠。
晴川历历汉阳树，芳草萋萋鹦鹉洲。

日暮乡关何处是，烟波江上使人愁。

过了不久，大诗人李白也来到武昌，登楼远眺，正想写首诗留作纪念，忽见壁间崔颢的题诗墨迹淋漓。李白一口气读了两遍，感到自己要说的话已被崔颢说尽了，再写一首已不能压倒对方，于是只在崔诗的旁边题了两句：

眼前有景道不得，
崔颢题诗在上头。

李白写完这两句就匆匆下了楼。他是不是服输了呢？没有。他心里老惦念着怎样才能赛过崔颢。为了跟崔颢赛高低，他竟一连写了好几首七律，其中一首叫《鹦鹉洲》，上半首是古风体，下半首才是律体，诗云：

鹦鹉来过吴江水，江上洲传鹦鹉名。
鹦鹉西飞陇山去，芳洲之树何青青！
烟开兰叶香风暖，岸夹桃花锦浪生。
迁客此时徒极目，长洲孤月向谁明？

一首是李白东下金陵，游览凤凰台后写的《登金陵凤凰台》：

凤凰台上凤凰游，凤去台空江自流。
吴宫花草埋幽径，晋代衣冠成古丘。
三山半落青天外，二水中分白鹭洲。
总为浮云能蔽日，长安不见使人愁。

以上两首诗感情深沉，格调峻峭，气势充沛，跟崔颢的《黄鹤楼》诗相比，真可以说是旗鼓相当，势均力敌了！

45. 杜甫咏千古警句

杜甫是唐代与李白齐名的大诗人。虽然胸怀雄心壮志，却苦于生不逢时。依然穷困潦倒，寄人篱下，连一家人的吃饭也成了大问题。

这年十一月某一天的半夜，诗人从长安出发，往东赶往奉先。天寒地冻，北风凛冽，草木凋零，手指冻僵，连衣带断了也不能打结。他一口气走了60里，赶到骊山脚下，天刚黎明，借着熹微的晨光，他看见骊山崖谷里大雾迷蒙，山顶温泉宫上空水气蒸腾。

诗人思绪万端，血液沸腾起来，眼前仿佛出现了两幅图：

朱门酒肉臭，
路有冻死骨！

杜甫反复吟诵几遍，不觉来到渭水的官渡口。他归心似箭，三步并作两步，赶到了奉先。一进家门就听见妻子在嚎啕大哭，原来是他的小儿子刚刚饿死！邻居们也为此而伤心流泪。自己作为父亲，怎能不感到悲痛和惭愧呢？他想到自己好歹还是个八品的参军，享有一定的特权，不纳租税，不服兵役，这样的家庭尚且饿死了人，更何况那些穷苦的、失业的和防守边疆的人家呢？刹那间，沉重的忧愁压得自己喘不过气来。于是，诗人毅然提起巨笔，把他从长安到奉先一路上的经历和感想写成一首长诗，把路途上吟出的几个警句也放在当中，这就是杜甫著名的长诗《自京赴奉先县咏怀五百字》。

46. 骆宾王的传说

骆宾王是唐朝初年与王勃齐名的诗人。

武则天称帝后，唐朝旧臣徐敬业起兵讨伐武氏。当时骆宾王郁郁不得志，于是投奔帐下，替徐敬业写了篇《代李敬业传檄天下文》（李敬业即徐敬业，其祖上归唐，赐姓李），抨击了武氏专权跋扈的罪行，激昂慷慨，文采斐然。其中“有一杯之土未干，六尺之孤安在”的话，最后两句是：“请看今日之域中，竟是谁家之天下！”武则天读了这篇檄文，感到很久没有读到这样好的文章了，不禁问左右是谁写的。有人说是骆宾王，武后就感叹地说：“有如此才能竟没有得到重用，这是宰相的失职啊！”

徐敬业兵败后，骆宾王到了杭州，出家进了灵隐寺。

有一年秋天，诗人宋之问路过杭州，当晚借宿在灵隐寺。皓月当空，丹桂飘香，诗人徘徊在长廊下，欣赏夜景，决定写一首诗留念。于是吟道：“鹫岭郁岧峣，龙宫锁寂寥。”刚吟得两句，千头万绪，一时竟接不下去，正在苦思冥想，这时有个老和尚在附近打坐，对宋之问说：“客官这么晚了，还在苦苦地吟诗么？”宋之问说：“我想写一首题为《灵隐寺》的五言诗，刚吟了开头一联，还没有想出下文。”老和尚笑笑说：“何不吟‘楼观沧海日，门对浙江潮’呢！”说完就起身走开了。宋之问猛吃一惊，想不到这个和尚的文思竟如此敏捷，脱口就说出这等妙句，一定不是个等闲之辈。他受了这两句的启发，就一口气吟下去，终于圆满地完成了全诗。

第二天早上，宋之问去寻访这位老和尚，要向他请教。可是别的和尚说他大清早就离开寺庙，乘船泛舟，不知去向了。宋之问大失所望，后来终于打听到这个老和尚就是失踪多年的骆宾王。

47. 夜半钟声到客船

张继是唐朝的一位诗人。一年秋天，他从北方坐船南下，前往苏州。一天夜晚，明月皎洁，秋风萧瑟，船在古运河上继续航行，到了枫桥，才停泊在岸边过夜。

诗人睡到后半夜一觉醒来，穿好衣服，跑到船头一看，月亮正朝乌啼桥方向渐渐坠落下去，严霜满地，天气颇冷。东南不远处有一座南朝梁代兴建的著名的枫桥寺，因唐初诗僧寒山曾经在寺里住过，故又称为“寒山寺”。再过去是一座江村桥。枫桥和江村桥同跨运河支流，相距百米，寒山寺就在两桥之间，姑苏城就在寺的东南面。此时夜深人静，万籁俱寂，江上渔火星星点点，伴着愁眠不寝的诗人。

张继独自一人跳到岸上，漫步枫桥，想起了千里外的湖北襄阳老家，以及家中的父母妻儿，想起了唐玄宗晚年的骄奢淫逸，杨家兄妹的专权跋扈，北方安禄山蠢蠢欲动的狼子野心和广大人民缺吃少穿、乃至饿死冻死的悲惨情景……诗人禁不住百感交集、长吁短叹起来。徘徊了很久，才回到自己的船上。

诗人刚要钻进船舱就寝，忽然听见寒山寺里传来的钟声。这半夜的钟声，时而宏亮激越，时而低回沉闷，更增添了旅客离乡背井、沦落天涯的哀愁。诗人再也睡不着了，当即吟了一首《枫桥夜泊》的绝句：

月落乌啼霜满天，江枫渔火对愁眠。姑苏城外寒山寺，夜半钟声到客船。

如今，苏州城外的寒山寺依然屹立在古运河边，这座古寺规模不大，大雄宝殿也并不巍峨，人们络绎不绝地前往游览，恐怕多半是为了去寻访和领略张继这首诗的深邃优美的意境吧！

48．悲歌一曲《钗头凤》

陆游是南宋著名的爱国诗人。他20多岁时，跟舅父的女儿唐琬结了婚。唐琬聪明贤慧，才貌双全。小两口有着共同的文学爱好，加上从小青梅竹马，因而情投意合，日子过得十分美满幸福。

但陆游的母亲是个受封建礼教毒害很深的妇女。大约是因为唐氏不生孩子的缘故吧，婆婆对她越来越不满意。在陆母的威逼下，这对鸳鸯被迫分离。后来，唐氏改嫁赵士程，陆游也另外续娶。

一年春天，陆游孤零零一人来到城东南的沈园散心。园中鲜花盛开，鸟语花香，鱼跃镜水，柳拂红桥，景色该有多美！这时，恰好唐琬和赵士程也来游春。

陆游远远看见了唐琬，想起一对恩爱夫妻被活活拆散，联翩往事涌上心头，不禁怨愤填膺，百感交集，当即挥笔在沈园的墙壁上题了一首《钗头凤》词：

红酥手，黄縢酒，
满城春色宫墙柳。
东风恶，欢情薄，
一怀愁绪，几年离索。
错，错，错！
春如旧，人空瘦，
泪痕红浥鲛绡透。
桃花落，闲池阁，
山盟虽在，锦书难托。
莫，莫，莫！

陆游写完后，望了望唐琬，然后带着无限的悲痛和惆怅，当即离开了沈园。过了不多时，唐琬走过来读了这首哀怨凄绝的爱情词，触动了满怀愁绪，悲怆之余，也挥笔题了一首和词：

世情薄，人情恶，
雨送黄昏花易落。
晓风干，泪痕残，
欲笺心事，独语斜阑。
难，难，难！
人成各，今非昨，
病魂常恨秋千索。
角声寒，夜阑珊，
怕人寻问，咽泪装欢。
瞒，瞒，瞒！

这首和词是用血泪写成的。唐琬回家之后不久，就抑郁而死了。

陆游直到晚年，都深情地怀念着40多年前去世的唐琬。每当想起唐氏，怀念旧事，就会禁不住老泪纵横。

49.《赠汪伦》一诗的来历

唐朝时有个叫汪伦的人。

他特别崇敬李白的才学，总想找机会和李白接近。可是有什么办法能让李白到自己家乡来一趟呢？他想了好久，才想出一个好的办法。人们都知道李白喜欢喝酒，汪伦就给李白写了一封热情的邀请信。信

上是这样写的：

先生好游乎？
此地有十里桃花；
先生好饮乎？
此地有万家酒店。

李白看到热情洋溢的邀请信，便高高兴兴地去了。

李白转了半天，没看到十里盛开的桃花，也没看到有一万家酒店。

李白很纳闷，就问汪伦，汪伦解释说：“十里桃花不是桃林，而是此地有一处潭水，名叫十里桃花；万家酒店并非是有一万家酒店，而是酒店的主人姓万。”

李白听了，不禁哈哈大笑。对于汪伦这个善意的玩笑，李白丝毫没有责怪。几天下来，恋恋不舍。临走时，汪伦唱着歌为李白送行。李白深受感动，为了表达自己的心情，写下这首著名的《赠汪伦》：

李白乘舟将欲行，
忽闻岸上踏歌声。
桃花潭水深千尺，
不及汪伦送我情。

50. 罗贯中与传世名著《三国演义》

罗贯中写《三国演义》，常常手不离卷，甚至神魂颠倒，闹出不少笑话。一天，罗贯中家里的人都出去了，他在家专心致志地写《三国演义》。

一个乞丐上门讨求，求道："秀才行行好，小人断粮几天了。"罗贯中正写"群英会蒋干中计"，书中周瑜领蒋干查看后营粮草。他听乞丐说"断粮"，头也没抬就连连念道："营内粮草堆积如山，即可取之!"念了一会儿，他又自顾写他的书了。那乞丐，便毫无顾忌地进屋拿了些米就走了。恰巧这事被近旁一个小偷看到了，他也放心大胆地进屋，把罗贯中家的米粮全拿走了。他妻子回来一看，粮囤底朝天了。着急地说："家里没有吃的，人都快饿死啦，到底还管不管啊?"罗贯中刚写完"出陇上诸葛装神"一回，听妻子说"没吃的"，不禁搁笔哈哈大笑道："陇上麦熟，何不食之?"其实麦子还没吐穗哩，妻子知道多说无用，只好借些粮食回来度日。

过了些时候，地里麦子将熟了，野猪成群结队钻进地里，又吃又糟蹋，妻子急得团团转，要罗贯中拿个主意。罗贯中正写"关云长水淹七军"，便不耐烦地道："欲操胜券，放水淹之，放水淹之!"于是，麦地里灌满了水，野猪是灌跑了，却水害成灾，连邻居的麦子都烂掉了不少。水淹后的麦子七倒八歪，妻子问他如何收法，谁知罗贯中把"陆逊火烧连营700里"的手稿往袖管里一揣，满面怒容地说道："速速火攻，以火取之，以火取之!"说罢，竟点起一把火直奔麦田。妻子一看，慌忙大喊："救火啊！救火啊!"左邻右舍听说罗贯中要到麦田里放火，都说这人定是疯了！而罗贯中这时正构思"刘皇叔哭求孙夫人回荆州"一节，他忽然想到一句"欲退东吴兵，须求东吴人"，便丢下火把，当着众人，双膝跪倒在妻子面前，哭着哀求起来："啊呀，孙夫人哪，千不对万不对都是我玄德的不对！你千不念，万不念，也该念在夫妻情份上，饶了我这一次吧。"

罗贯中哭得声泪俱下，听的人乐得前俯后仰。众人细一问，才知道罗贯中一门心思写《三国演义》，故而做出这一桩桩疯疯癫癫的奇事来……

51. 蒲松龄与《聊斋志异》

蒲松龄年轻时进京赶考，殿试文章独出一格，主考官很赏识，点了他的头名状元。

可是，一到金殿，皇帝见到蒲松龄长得丑，就对主考官大发脾气，说："堂堂圣朝，怎么叫丑八怪当状元？"主考官说："万岁，有道是'人不可貌相，海水不可斗量'，别看他相貌丑，肚中才学在考生中是鹤立鸡群哩！"皇帝说："说什么也不能让丑八怪当状元。"蒲松龄心想：碰上这个混账皇帝，即使当了官，有力气也使不出，有翅膀也张不开。一气之下，就背了包袱回家啦。

有一天，一个驼背大爷，拄着拐杖，慢慢走来，问道："怎么啦，有哪桩事惹你气闷？"蒲松龄说了自己的心事。驼背大爷说："我讲个故事给你解解闷，好吗？""好呀，请！"驼背大爷就说了马骏漂到罗刹国的故事。原来在那里，相貌丑陋的人，当作是美的，可以做达官贵人；相貌好看的人，却当作是妖魔鬼怪，当作是丑的。马骏因为生得英俊，人家见了他就逃。后来马骏在脸上涂了锅灰，国王马上重用了他。蒲松龄边听边想，开初很不高兴，可听完后，想了想，又说："老大爷，这故事真好！这样好坏不分，黑白颠倒的事，世上多着哩。""我们这里，会讲故事的人多的是，你有一肚文才，为什么不把这些记下来，让世人去评议呢？"蒲松龄双手一拍说："好主意！好主意！老大爷，你说说我该怎么做？"驼背大爷说："你得先做到四个字。""哪四个字？""酸、甜、苦、辣！""这'甜'是嘴巴甜，对人要和气、称呼要好听，男女老少都接近，故事多得写不完！"

"对！这'酸'字是—""'酸'是心肠酸，故事里的人伤心，你就要流泪，要是长了木头心，故事哪能动人心？""对！这'苦'字是

—”“‘苦’有两层意思。”“哪两层?”“一层是泡壶浓茶，讲故事的人渴了，就喝上一口，润润喉咙。浓茶不是苦的嘛?”“对！还有一层呢?”“还有一层是：写故事要做到寒冬蜡月不怕冷，大暑炎炎不怕热，无衣无食不怕苦!”“对！这‘辣’字也有两层意思。”“哪两层?”“一层是备一份烟，爱抽烟的人，抽会儿烟，提提神，讲起故事来起劲。烟可不是辣么?!”“对！还有一层呢?”“还有一层是：故事该辣的地方要辣，不要怕伤人，辣能醒人。”“对对对！我这就记下了!”

这以后，蒲松龄真得照着老大爷的话去做了，他听人家聊了一辈子故事，也给人家讲了一辈子故事。蒲松龄活了70多岁，写了好多好多的书。临死的时候，他觉得天下奇事还没有写完，所以有一只眼睛一直没有闭上。

他把听来的故事都写了下来，给定个名儿叫《聊斋志异》。

52. 唐玄奘取经

唐朝有位和尚叫玄奘。他为了研究佛教，决心去佛教的发源地—印度取经。

玄奘来到边境要塞瓜洲时，遇到了一位老人。老人听说他要去印度取经，就摇着头对玄奘说：“你取经的这条路太难走了，那里有沙漠，有雪山，根本没有人走过，你可不要拿自己的生命去冒险啊!”玄奘听后，郑重地对老人说：“谢谢您的关心，我立志去西天取经，就是死在取经的路上，也心甘情愿!”老人非常感动，就送给玄奘一匹识途的老马。玄奘谢过老人，骑上马踏上了去印度的艰难征途。

很快，他就来到了茫茫大沙漠。这里真热呀！玄奘带的水喝光了，他忍着干渴，继续前进。又走了四天四夜，他终于渴得昏倒在沙漠上。

沙漠的夜晚出奇的冷。玄奘被一阵凉风吹醒，他挣扎着爬上马背。突然，这匹老马像是想起了什么，向一个方向猛跑起来。

过了一会儿，玄奘的眼前出现了一汪清泉！原来，认识的老马记起了这片绿洲。玄奘捧着这生命之水，高兴地泪流满面。

历尽了整整一年的时间，玄奘终于到达了印度。又经过几十年的潜心钻研，玄奘成了唐朝最有学问的高僧。

53. 泪水写成的《牡丹亭》

明朝时期剧作家汤显祖曾经回到故乡江西临川县的乡间闲居，这一年汤显祖49岁。生活中耳闻目睹的一些青年男女的爱情遭遇，激起了他的强烈感情，回乡不久，他就开始了他的代表作《牡丹亭》的写作。

汤显祖的写作非常辛苦。每天天刚亮，匆匆梳洗以后，就赶到书房去，酝酿剧中的情节、人物、语言。一旦构思成熟，马上就伏案疾书，一写就是几个时辰，一直到把他想好的这一部分一气写完，方才搁笔休息。如果发现内容、文字、音韵上有值得推敲的地方，就马上进行修改。有时得到了什么好句，还禁不住要以手击节，反复吟诵。他的妻子知道他这个习惯，在他写作时不准家人去打搅他。到吃饭时间，汤夫人怕饭菜凉了，亲自到书房去三催四请。汤显祖仍然埋头写作，好像根本未听见。有时口里答应：“就来，就来！”可就是半天不来。等到他吁了一口长气搁笔休息时，饭菜早就凉了，汤夫人只好又给他重热一遍。

日子一久，汤显祖的脸越来越消瘦了，本来就有些尖的下颏显得更加突出，唇边也窜出了密密麻麻的黑须。汤夫人见他写作这样辛苦，心里很不安，就关切地问汤显祖：“你天天这么晚才吃饭，难道一点

儿不觉得饿吗?"

汤显祖捻须一笑:"我天天都在同柳梦梅、杜丽娘、春香打交道,全部心思都集中到人物身上去了,哪里还知道饿哟!"

汤夫人拿过一面镜子递给汤显祖,心疼地说:"看你,人都瘦成啥样儿了!"汤显祖看了看镜中自己消瘦的面容,仍然乐呵呵地说:"没关系,没关系,戏写完,我又会长胖的。"

一天中午,太阳已当顶了,汤夫人又到书房去喊汤显祖来吃午饭,可是书房里却悄无一人,等了好一会儿,仍不见汤显祖进来。汤夫人觉得有些奇怪,便派家人四下寻找,谁知找了半天,仍不见半个人影。汤夫人有些慌了,便带领家人,亲自到各处寻找。他们穿花径,过竹林,一直找到后院门,还是没有找到汤显祖。汤夫人心里更急了,就叫人到附近的庄上去看看。

正当大家十分焦急之际,突然一个丫环指着后院门旁边的一间柴屋说:"夫人,你听,这里面好像有人在哭!"

汤夫人侧耳一听,果然柴屋的窗口传来了隐隐约约的哭声,哭声中似乎还夹杂着断断续续的诗句:"赏春香……"

原来,汤显祖写到剧末,被主人公的凄惨身世所感动,就一人躲到柴房里痛哭起来。

剧作问世后,一经上演,立刻成为了深受大家喜爱的戏曲节目。

54. 哭鼻子的大仲马

有一天,大仲马的一位好友前来拜访他,见他正独自坐在书桌前,双手抚摸着稿纸,低声抽泣着。朋友就坐在一旁的沙发上等,可等了好长一段时间,还不见他的情绪有所好转,就决定去劝劝自己的朋友。他拍了拍大仲马的肩膀,关心地问:"亲爱的,到底发生了什么事,令你如此伤心?”

大仲马回头一看，见是好友来了，便把事情的原委诉说了一遍。原来，大仲马正在创作《三个火枪手》，最后由于故事情节发展的需要，其中的一个火枪手非死不可。可大仲马非常喜欢这个人物，想试图改变这个人物的命运，然而却无法做到。他一想到自己喜欢的英雄人物将被自己的笔杀死，而自己对此又无能为力时，就不由得伤心至极，流下了眼泪。

他的朋友听了他的诉说后，笑着对大仲马说：“我的朋友，你可知道我已来了多久了……”

这时，大仲马的一位仆人刚好从门口经过，听了这话也笑了，说道：“先生，您不过来了45分钟，而主人却已经哭了好几个小时啦!”

看来写作有时是要动点真感情的，因为只有先感动了自己，才能感动别人。

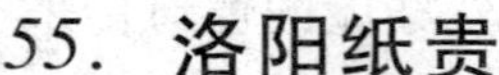

55. 洛阳纸贵

左思，是西晋著名的文学家。他出身寒微，但读书勤奋，学问渊博。《三都赋》是他的一部杰出作品。“三都”指三国时代魏、蜀、吴三国的都城邺城、成都和建业。要写这样的大赋，在当时确实不可思议。著名文学家陆机听说左思要写《三都赋》，拍手大笑，对弟弟陆云说：“这可不是一件容易的事，等那小子写好之后，我拿它来盖酒坛子!”

人们的风言风语，没有使左思畏缩。相反，他的决心更大了。他查阅了大量文献资料，拜访了许多在三座都城生活过的人，掌握了各方面的情况，最后才开始动笔。他在书房、卧室、门口、墙壁、走廊甚至厕所里都放着纸笔，只要想好一句两句，就随时随地记录下来，以后就在这个基础上加工整理，经过反复斟酌和修改，宏篇巨制终于完成了。

起初，他的赋没有引起人们的重视，直到当时的名流学者为《三都赋》作序作注后，人们才开始注意他。过了不久，当时的大学问家、大作家张华也出来推荐，对左思的才能极力推崇，击节赞叹，认为《三都赋》实在超过了汉代班固的《两都赋》和张衡的《两京赋》。这么一来，洛阳城里有地位的人家都争着买纸传抄阅读，使市场上的纸张一时供不应求，价格猛涨。陆机读了之后，也十分佩服，从此不敢再轻视左思了。

56. 一生写了一百多部作品的作家

凡尔纳是法国著名的科学幻想小说家。他一生勤奋多产，在当时就享有盛名。《气球上的五星期》出版后大受读者欢迎，但凡尔纳并没有因为他是个畅销小说家而粗制滥造。

凡尔纳对待写作严肃认真而又十分勤奋。为了使他的科学幻想小说有可靠的科学根据，他研究了许多科学问题，阅读了数量惊人的科学资料。仅仅为了写作《月球探险记》，他就研读了500多册图书资料。他十分珍惜时间，每天5点起床，一直写作到晚上8点，在这15个小时中间，他只休息片刻。他曾对他的好朋友说：“我需要工作，工作就是我的生活机能。没有工作，我就感觉不出生命。”他从35岁开始写作第一部科学幻想小说起，到77岁逝世，整整42年从未间断过。他一生写了104部科学幻想小说，平均每年写两三本，总字数达七八百万之多，是世界上第一流的多产作家。凡尔纳的作品被译成54种文字。深受各国人民的欢迎和喜爱。

57. 司马迁忍辱写《史记》

司马迁是西汉时期著名的历史学家。他的父亲司马谈任太史令，是朝廷的史官，这个职位可以世袭。司马谈有志于写一部系统的历史著作，也希望儿子长大了能成为自己的得力助手，并接自己的班。因此，司马迁从小就获得较好的学习条件，翻阅了皇家所有的藏书和档案记录。可惜传下来的史料并不多，要写一部历史巨著，这些材料是远远不够用的。因而司马迁很早就立志要到各地去采访和考察，以丰富自己的历史知识。几次游历，使他眼界大开，掌握了丰富的史料，为今后写作《史记》打下了坚实的基础。

司马谈死后 *3* 年——公元前 *108* 年，*38* 岁的司马迁承袭父职，做了太史令。经过充分的准备，他于公元前 *104* 年开始动笔写作历史巨著《史记》。

可是意外的事情发生了。当时有位大将名叫李陵，因为投降，被汉武帝杀了全家。司马迁挺身而出，根据自己平时对李陵的认识和了解，在武帝面前替李陵辩解。武帝却认为司马迁有意抬高李陵，越想越恼，就把司马迁关进监狱，问成死罪。

当时犯死罪的人有两种方法可以免死：一是拿出 *50* 万贯钱赎身；二是接受奇耻大辱的宫刑。他家并不宽裕，拿不出那么多钱，为了完成《史记》，他经过激烈的思想斗争，选择了第二条道路。

宫刑是一种极其残酷野蛮、侮辱人格的肉刑，受了这种刑罚而活在世上，是比死还要难受的。受刑后，他在暗无天日、密不通风的“蚕室”里躺了 *100* 多天，受尽了精神折磨与肉体煎熬。可是他为了写完《史记》，顽强地活了下来。出狱后，他虽几次想到自杀，但一想到《史记》尚未完成，就咬了咬牙，含垢忍辱，百折不挠，呕心沥

血，发愤著书。

公元前*93*年，司马迁终于用竹简写成了一部*52*万多字的不朽巨著——《史记》。

58.《战争与和平》的创作经过

*19*世纪*50*年代末和*60*年代初的俄国，正处于一个十分动荡的时代，俄罗斯的前途和命运如何，成了当时知识界普遍关心的问题。这个问题也引起了托尔斯泰的关切和注意，他想写一部长篇历史小说来回答这个问题。

*1963*年夏天，托尔斯泰开始写一部中篇小说，叙述*1856*年从西伯利亚到俄罗斯本部的一个十二月党人的故事。

由于小说中写到历史事件，作品的规模大大扩充了，出现了亚历山大一世、拿破仑、库图索夫、斯彼兰斯基等那一历史时代的著名人物。要写好这些历史人物，必须广泛地研究那个时代，了解*19*世纪初叶许多重大的历史事件的原因。为了获得这类知识，托尔斯泰研究了俄罗斯和外国有关*1812*年战争的著作。

在写作过程中，托尔斯泰经常不断地做笔记。在莫斯科、在亚斯纳亚·勃良纳、在基辅公路上散步、在和客人围坐喝茶——无论在什么地方，他都用锐利的、好奇的眼光注视着一切，为他的长篇小说写下一些零散的笔记，积累一些原始材料。

有一次，他的新婚妻子塔吉雅娜·别尔斯忍不住问他：

“你老是往你的小本子里记些什么东西呀？”

“记的就是你们。”

“我们有什么可记的呢？”

“这就是我的事了，真实总是有趣的。”他回答。

还有一次，他对妻子开玩笑地说：

“你以为你在这儿是白住的吗？我把你的行动都记下来了。”

确实是这样，他在妻子塔吉雅娜·别尔斯身上找到了《战争与和平》中的女主人公娜塔莎·罗斯托娃的原型——自然而爽直、富有乐观精神的俄罗斯妇女的典型。他还从他的先人和亲属中寻找作品中的人物：如书中的伊里亚·安德烈耶维奇·罗斯托夫伯爵的原型是作者的祖父；彼拉格雅·尼古拉耶夫娜·罗斯托娃的原型是作者的祖母；尼古拉·罗斯托夫的原型是作者的父亲；玛丽雅公爵小姐的原型是他母亲；老公爵尼·安·鲍尔康斯基的原型是他的外祖父；安德烈·鲍尔康斯基公爵的性格，很象作者的哥哥谢尔盖·尼古拉耶维奇。

不过，托尔斯泰从来不描绘丝毫不改变的肖像。有一个朋友问他：鲍尔康斯基公爵的原型是谁？他在信中回答：“如果我的全部创作都在于依样画葫芦……我是没有颜面发表出来的。”有一次谈论他的人物姓氏时，他说道：“假如直接根据一个什么真人来描写，结果就根本成不了典型，只能得出某种个别的、例外的、没有意思的东西。而我需要做的恰恰是从一个人物身上撷取他的主要特点，再加上我所观察过的其他的人们的特点，这才是典型的东西。”

在描写战争的时候，作者结合着他曾参加过高加索的战争和塞瓦斯托波尔保卫战的感受，极力想从“流血、苦难、死亡”中表现真正的战争，而不加任何掩饰。

小说《战争与和平》就是在不断地删改、斟酌中诞生了，小说一出版就受到了各界读者的喜爱，成为世界文学史上一部雄伟壮丽的史诗巨著。

59. 秋菊落英

宋仁宗时，22 岁的苏轼中了进士后，即以诗、词、文章知名于世。宋神宗时任宰相的大文学家王安石，对他的天资聪颖，才气横溢，也十分赞赏。苏轼少年气盛，又自恃聪明，因而就难免要闹点小乱子出来。

有一年秋天，苏轼从湖州任满回京，到丞相府去拜望王安石。他在书房等了许久，仍未见王安石回来。这时，他忽然发现书案上用砚匣压了一张写了字的素笺，便取出来看，原来是王安石的《残菊》诗，只写了开头两句，墨迹尚未全干。苏轼边看边念：

黄昏风雨打园林，
残菊飘零满地金。

苏轼念完之后，暗自想道："王荆公这首诗太不真实了。菊花其性属火，深秋开放，最耐严霜。它与春天开花的桃、李不同，只会在枝上枯萎，决不会被西风吹落，更不会花落满地，一片金黄。诗中说'残菊飘零满地金'，岂不是太不切合实际了吗?"想到这里，苏轼诗兴勃发，技痒难熬，就提笔在王安石诗的后面续了两句：

秋英不比春花落，
为报诗人仔细吟。

续完后，苏轼又等了许久，仍不见王安石回来，便离开了王府。不久，苏轼就因这两句诗的缘故而被贬为黄州（今湖北省黄冈县）团

练副使（执掌地方军事的助理官）。这年重九佳节，好友陈季常来看苏轼，苏轼十分高兴，便邀陈季常同往后园赏菊。

他们来到后园，但见秋菊盛开，景象万千。苏轼触景生情，便与陈季常谈起王安石的《残菊》诗："王荆公说'残菊飘零满地金'，这菊花不比春花，只会在枝头枯萎，哪会落瓣呢？"

谁知陈季常却说："王荆公的诗有道理，黄州的菊花就是要落瓣的。"

苏轼不信："我可没有见过落地的菊花！"

话刚说完，突然刮来一阵大风，盛开的菊花纷纷落地，一刹时，满园都是飘落的菊瓣，一片金黄。苏轼看得目瞪口呆，方才明白"残菊飘零满地金"确是事实；自己学识不广，批评王安石是批评错了。从此以后，他就注意仔细观察生活，对自己未弄清楚的事物，决不随便写入诗中。

60. 锦囊

唐代著名的大计人李贺，虽然只活了短短27年，却写下了大量的诗歌，而且后人称他为"鬼才"。这究竟是怎么回事呢？

据说，李贺7岁便能作诗。有一次，大文豪韩愈来到他家，叫他当场赋诗。李贺早已胸有成竹，诗兴大发，挥笔而就一首《高轩过》的诗，使韩愈惊叹不已。从此，李贺便名声大振。然而李贺并不满足，相反对自己要求更加严格了。为了搜集、积累创作材料，寻觅佳句，李贺经常大清早就背上一只锦囊，骑上一匹白马外出游历。他一边走一边观察，每当触景生情偶有所感时，便及时写下来，投入锦囊中。一天下来总能写上几十条。晚上回到家，再把那些即兴写下的纸条掏出来，整理成一首首完全的诗，投在另一只锦囊里，而那只空锦囊，又将是他明天外出的伴侣。他的母亲见他从锦囊里掏出来这么多纸条，不禁心疼地说：“我的儿真是要把心呕出来才肯罢休呀!”

李贺就是这样日积月累，呕心沥血，写下了大量的名篇佳作。他的成功与锦囊是分不开的。

61. 半船书

明朝有个文人叫陈济，在江浙一带颇有名气，人人都知道他读过半船书的故事。

陈济 *15* 岁那年，父亲让他带一批货到外地经商，临行前嘱咐道：“这是我多年积累下的货物，是咱们的一部分家产，你要认真替我做好这桩买卖，让家里人放心。另外，派两个可靠的师傅与你同云，帮你当参谋，打理生意。”

“知道了，货物卖完后我带些什么东西回来呢?”

父亲说：“你自己看着办吧，看咱家看缺什么，你就带什么．但千万要长些心眼，货比三家，千万不要让人骗了。”

6 个月以后，陈济顺利归来。全家人都十分高兴，称赞他有出自己，能够继承你业了。家里有赶紧从船上卸货，一看陈济买的物品，大为光火，顿足汉息道“你都买了些什么啊!”原来陈济买了半船书回来。

陈济说：“这正是咱们家里缺少的啊！不读书积累知识，谈何做学问。”

从那以后，陈济每天利用业余时间，开始一本一本地读他的书。天天如此，一连读了七八年，终于读完了他买回来的半船书。书读得多了，积累的知识也多了，他就开始试着写些辨伪论真的文章，此时他文思如泉涌，几年积累下来的知识都用上了。他写的文章不讲究词

藻的华丽，只求简捷明快，疏通事理。他常说：“好文章应该像布帛菽粟一样，要有益于世。”

有人表示疑惑，说：“你读了半船书，文章又写得好，为什么不参加科举考试，谋个一官半职?”

陈济笑笑：“我读书是为了写点我愿意写的文章，当今谋取功名的人那么多，不少我一个人。”

陈济不求功名，但却出了名。

后来，经人，陈济与解缙、姚广孝参与了修纂《永乐在典》的工作。这全得益于他产时的大量和积累。

62. 迷恋昆虫的法布尔

法布尔是一位科学家，在生物学方面颇有造诣，为写好这《昆虫的故事》这本书，天天起早贪黑地去观察昆虫，从不想当然地下结论。

一天清晨，法布尔起床后，又照例去观察昆虫。他的妻子拉住他说：“昨晚，你不是产今晨有客人来吗?”

法布尔这才想起来，忙脚回书房去了。

一会儿门前来了一辆马车，法布尔看见一位达官显贵从马车上下来，急忙迎了上去，此时他穿着一件布满破洞的衣服，引领客人进了书房。

一会儿，客人走了。

法布尔的妻子问道：“这位客人是谁?”

法布尔说：“教育部长!”

“啊呀，你怎么穿着有破洞的衣服见客人啊!”

法布尔笑笑说：“我哪有没有破洞的衣服呢?”原来法布尔为了写

好关于昆虫的书，到处观察昆虫，树枝、荆棘刮破了他许多衣服。

说完法布尔又去观察昆虫了。

法布尔到一个大花盆前，一大堆昆虫正向花树上爬，等第一条虫子刚爬到顶，法布尔就用刷子把下面的全部痕迹刷干净，又用抹布把花盆四周擦干净，不让虫子吐的丝留在上面。为什么呢？原来，前几天法布尔看见一群虫子正列队一边吐丝一边向上爬，等天黑后好顺铺好的路回家。法布尔想，如果切断丝路会怎样呢？于是他擦断丝路，毛毛虫果然迷路了。法布尔为这事在花盆前整整观察了一天一夜。后来他终于依据自己的细心观察写出了《昆虫的故事》。

63. 酒醉醒

相传，古时候有个叫仪狄的农夫。一天傍晚，他见禹王治水辛苦，就把自己酿造的米水给禹王喝。禹王一喝，感到醇香可口，就把一罐米水都喝光。不一会儿，他感到头重脚轻，便倒在地上了。卫士们以为仪狄用毒药毒死了禹王，要治他死罪。医官诊断：禹王呼吸正常，只是脉搏快些。

第二天早上，禹王睁开眼，见大家神情异常，就问发生了什么事。医官一说，禹王听了哈哈大笑。禹王请回仪狄坐下，问他给自己喝的是什么？仪狄就请禹王起名。禹王说："我是昨天酉时喝的。酉时的水，就叫'酒'吧！"医官站在一旁说："您喝酒后不省人事，大家都以为您已卒了，但您又没卒，这该叫什么？"禹王说："酉时喝酒，喝多了像卒，就叫'醉'吧！"医官又说："那么，您是昨天酉时喝酒醉倒，今天清晨太阳升起来时复生，这该叫'醒'啦！"

"酒、醉、醒"三个字，就造出来了。

64. 数字诗

数字是抽象的，诗歌是要用形象思维的，然而这两者结合，同样有佳作产生：可以是豪放的，“黄河入天走东海，万里写入胸怀间”；可以是细腻的，“两个黄鹂鸣翠柳，一行白鹭上青天”；可以是沉痛，“三万里河东入海，五千仞岳上摩天。遗民泪尽胡尘里，南望王师又一年”；可以是感伤的，“六朝如梦鸟空啼”；可以是愤怒，“一朝封奏九重天，夕贬潮阳路八千”；可以是夸张，“孤臣霜发三千丈”；可以是讽刺，“三千宠爱在一身”；也可以是欢快的，“两人对酌山花开，一杯一杯复一杯”……

不过，这些诗中的数字，仅是作“镶嵌”之用，真正的数字诗，必须是以数字为主体，如南朝民歌中的“江陵去扬州，三千三百里。已行一千三，剩有二千在。”可以解读为是一个长途行者的倦歌——他在不停地算里程；也可理解是一个远离家乡，归心似箭的男子的情歌，期盼着早一点与心上人见面——其实，路还长着呢。心理描写非常准确。

另一首“一去二三里，烟村四五家；门前六七树，八九十枝花”。个位基数词全无遗漏，又描绘了一幅恬淡宁静的田园风光，用之作为蒙童读物，真是一举两得。

电视台曾播放过的《宰相刘罗锅》，内中有一处情节：乾隆皇帝手持一枝鲜艳的红花，将花瓣一片片地剥落抛撒，口中念念有词，“一片一片又一片，二片三片四五片，六片七片八九片”，刘墉信口接了一句，“飞入草丛都不见”。众人大笑。这出戏编得并不好，红花入草丛怎会都不见？明显有疏漏之处。

故事的“原产地”是出自明朝布衣才子徐文长。一冬日，他踏雪

孤山，见放鹤亭内一群秀才正借酒赏梅，便进前求饮。秀才们不识泰山真面目，道是诗人聚会，不会写诗者不能在此喝酒。徐文长便“一片一片又一片”地作起咏雪诗来，前三句尚未念完，众秀才已是笑骂成“一片”了，说道，你这俗子是否只认识得数字和“片”字？想不到第四句“飞入梅花都不见”一出，秀才们顿时大惊失色。白雪飞入号称“香雪海”的孤山梅林之中，当然是看不见了，这种深邃苍茫的意境，奇特精妙的构思，才是化腐朽为神奇的“数字诗”。

65. 妙趣横生的十二生肖诗

据清代赵翼《陔从考》一书考证记载，我国的十二生肖属相之说起源于东汉，从当时起民间就流传着很多关于十二生肖的传统对联、谜语、寓言故事和趣味诗，尤以十二生肖的趣味诗回味无穷。此大多是一种游戏性质的诗作，全诗依十二生肖顺序各咏一句，每句都嵌一生肖名，五、七言皆可，共十二句联成一体。

南北朝时，不仅使用十二生肖纪年，著名文士沈炯还创作了我国第一首有趣的十二生肖诗：“鼠迹生尘案，牛羊暮下来。虎啸坐空谷，兔月向窗开，龙隰远青翠，蛇柳近徘徊。马兰方远摘，羊负始春栽。猴栗羞芳果，鸡砧引清杯。狗其怀物外，猪蠡窗悠哉。”这道诗在首字按排序嵌入十二生肖名，且突出了每种动物的生性特点，起到画龙点睛的作用，可谓别开生面，文采娱人。

南宋儒学大家朱熹也曾写过一首十二生肖诗。他把十二生肖名，巧妙地散嵌于诗句中。诗云：“昼间空箪啮饥鼠，晓驾羸牛耕废圃。时才虎圈听豪夸，旧业兔国嗟差卤。君看蛰龙卧三冬，头角不与蛇争雄。毁车杀马罢驰逐，烹羊酤酒聊从容。手种猴桃垂架绿，养得鹍鸡（鹍鸡：古书指像鹤的一种鸟）鸣角角。客来犬吠催煮茶，不用东家买猪肉。”

元代文人刘因的咏十二生肖诗：“饥鹰吓鼠惊不起，牛背高眼有如此。江山虎踞千里来，才辨荆州兔穴尔。鱼龙入水浩无涯，幻镜等是杯中蛇。马耳秋风去无迹，羊肠蜀道早还家。何必高门沐猴舞，肠栅鸡栖皆乐土。柴门狗吠报邻翁，约买神猪谢春雨。”诗中嵌入十二属相，且每一句都是一个寓意生辉的故事。

明朝大学者胡俨也写有十二生肖诗，诗云：“鼷鼠饮河河不干，牛女长年相见难。赤手南山缚猛虎，月中取兔天漫漫。骊龙有珠常不睡，画蛇添足适为累。老马何曾有角生，羝羊触藩徒忿嚏。莫笑楚人冠沐猴，祝鸡空自老林邱。舞阳屠狗沛中市，平津放豕海东头。”首句“鼷鼠”即水鼠；二句的“牛女”即民间牛郎织女的传说：五句的“骊龙”是龙的一个种类，其颏下有宝珠一颗，故谓之骊龙；八句的“羝羊”即公羊，“触藩”指羊角触篱笆；十一句的“舞阳”指汉高祖刘邦封名将樊哙为舞阳侯，他曾在江苏沛县以宰狗为生；最后一句是指汉武帝时的丞相公孙弘，当年曾在东海放过猪。此诗不仅依次嵌入生肖名，而且一名一典，让人在享受情趣之余品味内涵。

66．徐文长手对知府

徐渭（*1521* 年～*1593* 年），字文清，后改字文长，号天池山人，青藤道士，又别署田水月，山阴（今属绍兴）人，明文学家、书画家，也是晚明时期思想解放运动的先驱。他一生作联很多，《徐渭集》载有对联 *118* 副，这在明代是很少见的，而所写 *40* 字以上的长联就有 *12* 副，在明代几乎没有第二人。尤其是他最先突破百字长联，为绍兴开元寺大殿题的 *140* 字长联至今犹存。至今徐文长还有一些作联故事在浙江流传。

徐文长十四岁时来到杭州。当时的杭州知府目中无人，他得知徐文长在杭州赋诗作画，颇受人们赞赏时，大为恼火，认为一个小毛孩子竟敢在他的辖区内舞文弄墨，真是不知天高地厚，便派衙役将徐文长召来对句。威胁他说如对不上，就驱逐出城。徐文长镇定自若，满口答应。知府带徐文长到西湖边，指着六合塔，说出上联："六塔重重，四面七棱八角。"

徐文长没有开口，只是扬了扬手。知府以为对不上，暗自高兴。他得意忘形地指着保俶塔，又出了个上联："保俶塔，塔顶尖，尖如笔，笔写四海。"徐文长还是一言不发，而是用手指了指锦带桥，向知府拱拱手，然后，又两手平摊，往上一举。

知府见徐文长还是没有回答，就神气十足地说："连一句也对不出，还算什么神童！"立即下令："快把他赶出去！"这时，徐文长却理直气壮地哈哈大笑："休得无礼，下联早就对好了！"知府怒气冲冲地说："你敢无理狡辩，愚弄本府？"徐文长解释说："你是口出，我是手对。""手对！是什么意思？"知府追问道。

徐文长答道：对第一联扬了扬手，就是说"一掌平平，五指三长两短"；对第二联拱拱手，两手平摊，往上一举，是说"锦带桥，桥洞圆，圆似镜，镜照万国九州"。知府听了哑口无言，只好悻悻而去。

67. 妙趣横生的雅俗诗

在中国浩瀚的诗海中，有一种诗的写法是先俗后雅，这类诗被人们称作"雅俗诗"。

据清人张皇甫《息歌偶录》一书记载，有位富翁为太夫人祝寿，特请当时的才子唐伯虎绘画题诗。唐伯虎画了一幅《蟠桃献寿图》，接着题诗一句：堂前老妇不是人。此句一出，众人大吃一惊。唐伯虎又写道：好像南海观世音。众人见是赞誉之句，立即转怒为喜。谁知唐伯虎又写了一句：儿孙个个都是贼。在场的子孙们个个怒目圆睁。唐伯虎神情怡然地以“偷得蟠桃寿母亲”作结，众人顿时恍然大悟，欢笑满堂。

明代朱元璋是一个喜欢写雅俗诗的皇帝。相传他登基这天的清晨，吟诗道：“鸡叫一声撅一撅，鸡叫两声撅两撅。”群臣闻之，欲笑不敢笑。可朱元璋若无其事，继续吟道：“三声唤出扶桑日，扫退残星与晓月。”这时，群臣交口称赞其诗气势不凡。

常与朱元璋一起吟诗作对的大臣解缙，从小就聪明好学，很会做诗。有一次，解缙到社仓去买平价米，几个豪绅难为他：“不做出诗来不卖。”这时，恰巧天空中飞来一群麻雀，落在社仓墙头，解缙触景生情，随口吟道：“一窝一窝又一窝，墙上还有许多窝。”几个豪绅听罢，捧腹大笑，说：“你这也叫诗?”笑声刚落，解缙接着吟道：“食尽皇家千廪粟，凤凰何少尔何多?”豪绅听了，气得脸色发白，但又无可奈何。

68. 妙趣横生谐音联

汉字中有很多读音相同、相近而意义迥然不同的谐音字。巧用谐音字创作的谐音联妙趣横生，引人入胜。

娃挖蛙出瓦；妈骂马吃麻。

无山得似巫山好；何叶能如荷叶圆。

上例中上、下联各用了一组谐音字。

移椅倚桐同玩月；点灯凳阁各攻书。

童子打桐子，桐子落，童子乐；

丫头啃鸭头，鸭头咸，丫头嫌。

上例中上、下联各用了二组谐音字。

饥鸡盗稻童筒打；暑鼠凉梁客咳惊。

上例中上、下联各用了三组谐音字。

贾岛醉来非假倒；刘伶饮尽不留零

指挥绕纸灰，纸灰飞上指挥头；

修撰进馐馔，馐馔饱充修撰腹。

贾岛是唐代诗人；刘伶是魏晋时“竹林七贤”之一，喜好饮酒。“指挥”、“修撰”都是职务，前者为武职，后者为文职。

密云无雨，通州水不通舟；

巨野有秋，即墨田多积麦。

“通州”、“即墨”都是地名。这类对联，一看就明白；只听，则往往不知所云。

也有用韵母相同、相近的字创作的谐韵联：

屋北鹿独宿；溪西鸡齐啼。

单显式：与对联中某些字谐音的字并不出现，借助谐音关系表达

双关意义。

莲子心中苦；梨儿腹内酸。

对联字面上的意思是明显的，而作者金圣叹用“莲”与“怜”、“梨”与“离”的谐音关系，含蓄地表达与儿子隔离的凄苦、酸楚之情。

两船并行，橹速不如帆快；
八音齐奏，笛清难比箫和。

上联“橹速”与“鲁肃”、“帆快”与“樊哙”谐音，含文臣不如武将之意；下联为另一人所对，“笛清”与“狄青”、“箫和”与“萧何”谐音，含武将不及文臣之意。

两猿截木山中，这猴子也敢对锯；
匹马陷身泥内，此畜生怎得出蹄。

此联为戏谑之作，上联为一人所出，“对锯”与“对句”谐音；下联是另一人反唇相戏，“出蹄”与“出题”谐音。

69. “师徒”对“父子”

清朝担任过四库全书馆总纂官纪昀，字晓岚，平生博学多才，思路敏捷，擅长对对子。一天，他的老师请他去喝酒，席上有父子两人，都是在戊子年（1768）科举考试时同榜中试的举人。酒过数巡，喝得

兴高采烈的老师忽然对纪昀说："晓岚，你很会对对子，现在我出上联，如果你能即席对出下联，我将以一方百金古砚相赠，要是对不上来，就罚酒三大杯!"纪昀微笑点头答应。

于是，老师指着那两个同榜的父子说："父戊子，子戊子，父子戊子。"上联刚出口，在座的其他客人都立即感到，这个下联是极其难对的。因为"父子"和"戊子"，下字相同；上字一为"父"一为"戊"，虽非同字，却是谐音（"父"音fu，"戊"古音mao，但清代已读如wǔ音）。全句两"父"三"戊"，五个"子"字，要对得字字工稳，实在比登天还难哪!

可是，再难的对子也难不倒纪昀。他看了老师一眼，立即想到师徒两人的官职：老师现任户都尚书，自己现任户部侍郎，是一正一副的户部长官，而古代管领全国户口簿籍的长官叫司徒。因此，后世也将户部尚书和侍郎俗称为司徒。于是一句妙不可言的下联顿时冲口而出："师司徒，徒司徒，师徒司徒。"

全堂掌声雷动。满面春风的老师亲自把价值百金的古砚送到了纪昀的手上。

70. "马虎"的来历

人们都喜欢用"马虎"来形容某人办事草率或粗心大意，殊不知在这个俗语的背后，原来有一个血泪斑斑的故事。

宋代时京城有一个画家，作画往往随心所欲，令人搞不清他画的究竟是什么。一次，他刚画好一个虎头，碰上有人来请他画马，他就随手在虎头后画上马的身子。来人问他画的是马还是虎，他答："马马虎虎!"来人不要，他便将画挂在厅堂。大儿子见了问他画里是什么，他说是虎，次子问他却说是马。

不久，大儿子外出打猎时，把人家的马当老虎射死了，画家不得不给马主赔钱。他的小儿子外出碰上老虎，却以为是马想去骑，结果被老虎活活咬死了。画家悲痛万分，把画烧了，还写了一首诗自责："马虎图，马虎图，似马又似虎，长子依图射死马，次子依图喂了虎。草堂焚毁马虎图，奉劝诸君莫学吾。"

诗虽然算不上好诗，但这教训实在太深刻了，从此，"马虎"这个词就流传开了。

71. 翻跟斗

从前有一个老实忠厚的庄稼人，名叫潘银斗。他妻子姓乜。这一对小夫妻对父亲极孝顺。父亲死后他们一块到庙上去祭奠父亲亡灵。

庙里的道士认字不多，尤其是见了这潘字和乜字，更觉眼生，又不肯问问他俩姓什么，怕丢了自己面子。于是硬着头皮念道：

"孝男——翻跟斗——"

潘银斗听见道士让他翻跟斗，心想：

"必定是亡父在阴曹地府受磨难，叫我翻跟斗替他赎罪。"于是就在庙堂地下横一个、竖一个地翻起跟斗，累得浑身冒汗，两眼发直。

道士认为潘银斗是犯了心口疼的病，不然怎么突然满地打滚？"不去管他，还是念我的……"道士接着念道：

"孝媳——也氏——"

潘银斗听见"也是"二字，顿时慌了手脚，急忙伏地给道士磕头："道士老爷呀，可怜可怜我们吧，我老婆怀有身孕，不能翻跟斗呀，要翻，还是我替她翻吧！"

道士自己也糊涂了："莫非是中了邪？怎么尽是胡言乱语？"

"算了，你们回家去吧！"道士一气之下回后房去了。

72．“马病下牛”的故事

一天下午，三年级学生马玉聪托隔壁的小李给张老师带去了一张请假条。张老师打开一看，上面写着：“张老师：马病下牛不来。”

张老师拿着假条，左右看不明白，就到教室里去问小李和跟小马同村的另外几个同学。大家看过马玉聪的假条后，七嘴八舌地猜开了。有的说小马的爸爸是饲养员，饲养场的马病了，他要帮爸爸照料牲口，所以请假。也有的说，准是饲养场发生了怪事，一匹母马生了头小牛犊，马玉聪看热闹去了。

放了晚学，张老师同这几位同学一起到了马玉聪家里，进门一看，小马的妈妈躺在床上，马玉聪正在一旁给他妈妈熬药。

张老师问候了马玉聪的妈妈，又问马玉聪：“小马，你怎么下午没去学校啊?”

马玉聪看着小李问：“你没把我写的请假条给老师吗?”

张老师掏出假条，交给马玉聪：“你看看你写的是什么意思?”

马玉聪接过假条看了看，又抬头望着老师，困惑不解地说：“今天我妈病了，下午要熬药，所以不能去学校。”

“哈哈哈哈！”同学们终于恍然大悟，不由自主地笑了起来。

张老师没有笑，她对马玉聪说：“小马，你仔细看看，这张假条上有两个错字。‘妈’字少了‘女’，‘午’字出了头，就把事情搞乱了套，差点闹出大笑话。”于是，她把刚才大伙的猜测又说了一遍。

马玉聪听了，脸一直红到了脖子根。马玉聪的妈妈听了，气得没喝汤药就浑身冒开了汗。她指着儿子说：“你这个小迷糊啊，看你还要不要读书?”

73. 目不识丁

从前，有个土财主，他本人不识字，很想让他的傻儿子念书识字。可是，他总请不到私塾先生教儿子。教傻子念书费力不讨好，谁肯送上门丢人？无奈，他只好让人写了张招师榜文，贴上大街。榜文是：“一年内有教会敝舍犬子一字的先生，酬银十两。”

一天，一位秀才看到榜文，主动找上门来，自说要当他家的私塾先生。土财主正苦于没人来呢，见这位秀才找上门来，自然高兴异常，当下就跟秀才议定：一年后按学生识字多少付习修费，学生每识一个字付银十两。

土财主让人整理好书房，让傻儿子拜了老师，秀才就开始教傻小子识字了。头堂课，秀才教学生认的是个“丁”字。秀才先把丁字端端正正地写在石板上，摆到傻小子面前说：“这个字念丁。”傻小子摇了摇头，不会念。秀才扳着傻小子的指头写着说：“这念丁，这念丁！”傻小子嘿嘿一笑，仍然是不会念。秀才每天把个丁字摆在傻小子面前教，一直教到快满头一年了，傻小子仍然学不会念。秀才着急了，找来一个大铁钉，给傻小子看着说：“这铁钉的顶端是一横，铁钉的尖腿是一竖；这一横一竖合起来为‘丁’。”秀才说一遍，让傻小子跟着说一遍。这办法还真灵，傻小子居然也能说：“顶端是一横，尖腿是一竖，一横一竖合起来为‘丁’。”秃才十分高兴地来到土财主面前说：“老东家，公子识字啦！”土财主比秀才更高兴，忙说：“快！叫他来念个字我听听。”秀才回房把傻小子叫来，在八仙桌上写了个丁字让傻小子念。傻小子两眼直愣愣地看了一会儿桌面上的那个丁字，忽然抬起头来傻笑一声说：“顶端是一横，尖腿是一竖，一横一竖合起来为‘丁’。”土财主见傻儿子果然识字了，只乐得像六月天喝雪水，痛快透了，赶忙转身向院子里喊："管家，管家，快来呀!"管家跑过来，土财主吩咐说："我儿子会念字了，赶明儿把亲戚、朋友、街坊都叫来，让他们都见识见识！我就不信我家出不了个文曲星!"

第二天，亲戚、朋友、街坊邻居都被叫来了。土财主彬彬有礼地把客人一个个迎入客厅，又让座，又让茶。客人来得差不多了，土财主吩咐秀才叫儿子来当众念字。

秀才回书房问学生："我教你念的那个'丁'字，你还记得?"傻小子说："记得。"秀才怕学生到时念不上来，又嘱咐说："今天，你父亲是让你当众念字，你千万可别忘了呀。你家客厅墙上钉着个铁钉子，到时候你要忘了，你就看我，我伸手一摸那铁钉，你就想起来了。"嘱咐罢，秀才领着学生来到客厅。土财主让秀才在八仙桌上铺纸写了个丁字，然后让他的傻小子念。傻小子见满屋的人都在看他，心里一着慌，把丁字给忘了。傻小子扭头看先生，见先生正伸手摸墙上的橛子，便开口回答说："呵，我想起来了，那个字念橛儿！念橛子!"傻小子这一念，惹得众人哄堂大笑起来，气得土财主差一点晕了过去。秀才一旁感叹着说："教了快一年了，仍然是目不识丁啊!"

74. 挖心

从前，有个姓陈的土老财，请来个姓国的先生教自己的儿子读书。这国先生到陈家以后，处处谦虚谨慎，对陈老财是毕恭毕敬。每逢见面，总是开口一个东家，闭口一个东家。

可是，陈老财是位粗通文字的人，不懂什么叫东家，一听先生称呼他东家，心里就不高兴。暗想：我陈某待你国先生不薄呀，你为啥称呼我东家不叫我陈家呢!

一天，陈老财实在忍不住了，把国先生叫到客厅里，称呼道：

“口先生，请坐。”国先生很不自在地说：“东家，我姓国，不姓口呀。”

陈老财把脸一沉说：“咱这是一报还一报呀。我本姓陈，为啥你叫我东家？既然你敢割去我的耳朵，我就敢挖掉你的心，叫你口先生！”

75. 朱熹有几个儿子

从前，有两弟兄，哥哥教书，弟弟种田。有一天，哥哥正在学校教课，突然来了一个游馆的先生。游馆先生用生僻字和深奥的书考他，他考不过，只好让馆。

弟弟见哥哥垂头丧气地回来了，问清了原因以后，便叫哥哥把长袍子换给他，去帮哥哥把教书的馆夺回来。

没半天时候，弟弟凯旋而归，叫哥哥仍旧去坐馆教书。哥哥不相信地问道：“你一字不识，怎么考得过那位游馆的？”弟弟说：“我先考他一个字，他回答不上来。”

“你考的是什么字？”

“我问他：‘丁’字头上五点是什么字，他不认得。”

“唉呀，这个字我也不认得呢！”

弟弟指着放在墙边的草鞋耙说：“你看，这打草鞋用的木耙，不正像一个‘丁’字头上加了五点吗？”

哥哥笑着说：“难怪他不认得，你还考过他的书没有？”

“考了。”我问他：“猪兮有几子？他也答不上来。”

“唉呀，朱熹倒有这个人，他有几个儿子我也不晓得呢？”

“怎么这个问题你们都不知道！猪兮有三子，那日游西湖，一子落水，浴乎哉，洪水泛滥于天下，幸亏黄氏娘娘搭救，三子命全。七孰（叔）八经（斤），八孰（叔）七经（斤），尔后能通十经（斤）。”

哥哥被弟弟这段书弄得糊里糊涂，要求弟弟详细解释一下。弟弟解释说：“上年我家养的那头母猪，生了三头小猪。有一次，三头小猪出去吃草，有一头小猪掉到臭水坑里了。幸亏黄嫂从那里路过，把小猪救起来了。后来，七叔捉的一头猪八斤，八叔买去的一头七斤，岗背弯的能通大哥捉去的那一头有十斤哩！”

哥哥听了弟弟的话，哈哈大笑，高兴地换好长袍，仍旧去教书。

76. 安乐窝

北宋时期，河南范阳地方有位文人叫邵雍。他知识渊博，涉猎广泛。他对《周易》这本书特别精通，认为周文王写的是“后天易”，而伏羲氏所著的是“先天易”。他对《周易》的研究超过了以前的水平。

由于他的人品与学问都很好，所以多次被人向朝廷举荐。当朝廷授予他官职时，他总是婉言谢绝。他平日常常是闭门不出，安心于读书和写作，潜心地研究学问，所以取得了不小的成就，是当时很有名望的学者。

后来他搬到了京城洛阳。当时的一些名人像司马光、富弼、吕公著等人都很仰慕他，因此与他常有来往。他们常在一起饮酒赋诗，谈论读书作文，关系非常密切。

司马光等人还在洛阳城替他购置了田园与宅院，邵雍就定居在这里。他在宅院中栽上鲜花，种植树木，还种了一些庄稼。他在田园里春种秋收，以自己的劳动为生。虽然收获的仅能糊口，但他从不叫苦，只要有空，他还读书吟诗，自得其乐。

他安于这种自食其力的耕读生活，给自己取了个名号叫“安乐先

生”，并且把自己的住处取名为“安乐窝”。意思是自己非常满足这种看似清苦而内心安定、快乐的生活。

“安乐窝”后来就成了一个常用的词。它常用来比喻舒适的生活处所，一般没有贬义。也有人把专门追求舒适的生活环境称为经营安乐窝，这就带有贬义了，因此在使用时要结合具体的语言环境来用。

77. 中国文字从何起源的

汉字是世界上最古老的文字之一，但它到底古老到什么程度，具体起源于何时，又是文化史上极富争论性的一个问题。

从战国时代，我国学者就开始注意汉字起源的问题了，其中对后世影响最广的一种说法就是仓颉造字说，但仓颉是什么时代的人，却也众说不一。司马迁、班固、韦诞、宋忠、傅率都说他是黄帝的史官；崔瑗、曹植、蔡邕、索靖说他是古代的帝王；徐整说他是在神农、黄帝之间；谯周认为他在黄帝之世，等等。仓颉造字的方式，有人说是统一了文字的书写方式，流传后世，有人说是发明了象形之文。此外，有人把结绳记事作为汉字的起源，有人把八卦视为汉字的起源，也都是一家之说。

目前，一种较为普遍的说法是，汉文字是由人民集体创造的，经“巫”和“史”整理而成。有的史学家认为，到了殷商时代中国才有了文字：青铜器铭文和甲骨文。但也有史学家提出，殷商时代的甲骨文已很成熟了，中国文字的起始应从此往前推，前推多少，众说不一，有的主张至少上推1000年，有的主张推到夏以前，也有主张推到夏末的。在考古学家的考古发现中，对汉文字起源认定的依据也不一样。有人在仰韶期的文化遗址中，曾发现很多长方形的古板，有刻画过的，怀疑是原始的文字；也有人从早于夏朝的陶器上所刻画的图案，来分析文字的初始形态。郭沫若曾在《奴隶制时代》中《古代文字之辨证的发展》一文中提出过以半坡彩陶上刻画的条文为中国文字的起源，半坡遗址距今有6000年左右，但对半坡彩陶上刻画的符号的含义，却还没有阐明。

中国文字的起源，主要还须大量有说服力的材料佐证。

78. 文字起源之谜是什么

文字已是现代社会不可缺少的交流工具，但文字的起源，并不是一个能轻易下结论的问题。

被古文字学家确认为最古老的图画文字是公元前3500年左右，出现在人类文明发祥地之一的美索不达米亚地区。在一块几英寸见方的大理石碑上，两面12个左右的图画清晰地表明这里记载着一个重大事件。在图画文字之后，出现了具体与抽象相结合的“画谜文字”，绝大多数考古学家认为这种文字形式出现在公元前1800年的两河流域地区。音节文字很可能是字母文字最终形成前的一个阶段，处在这一阶段的文字有：公元前3100年的苏美尔文字、公元前3000年左右的埃及文字、公元前2200年的原始印度文字、公元前2000年的克里特线形文字、公元前1500年的赫梯文字、公元前1300年前后的甲骨文字。字母文字是文字发展的最后一个阶段，标志着文字规范化的到来。有些学者认为，巴勒斯坦和叙利亚等地使用闪米特语的人，采用了埃及的词汇符号并且使用了词汇的第一个发音而发展了包括某些确定的元音在内的字母文字。但美国学者格尔帕却认为，第一个能被公正地称之为字母文字的是希腊语，希腊语充分地接受了闪米特语的音阶表，发展了元音制度，首创元音与辅音的结合，第一次创造了完备的字母文字体制，是公元前9世纪。而另一些研究者却认为早在公元前1800

年，这一伟大创造就已完成了。

关于文字的起源时间、地区、形式等总有许多难于确定的争论，很难理出一个整齐划一的发展阶段。

79. 汉字究竟有多少

汉字数量繁多，随着社会的发展，还会不断地增加。统计一下各个时代汉字的数量就可以看出这一特点。

现在已发现的甲骨文中，单字有4500多个，其中可以认识的有1700多个。

目前已知的金文中，单字有3500个左右，能够辨认的有2000多字。

东汉许慎所著的《说文解字》是我国第一部有系统的字书，收字9353个。

晋代吕忱撰《字林》，收12824字；后魏阳承庆撰《字统》，收13734字；南朝顾野王撰《玉篇》，收16917字；隋朝陆法言作《切韵》，收12158字。

宋代陈彭年等人的《大宋重修广韵》，收26194字。司马光撰《类篇》，收31391字。

明朝梅膺祚撰《字汇》，收33170字。宋濂等撰《洪武正韵》，收32025字。张自烈撰《正字通》，收33000余字。清朝张玉书等编《康熙字典》，收47035字。

1915年出版徐元诰等人所编《中华大字典》，收48000余字。

解放后列为我国文化建设重点项目的《汉语大字典》共收古今楷书汉字56000多个，是当今世界上收集汉字单字最多的一部字典。

80. “的、地、得”的用法如何

“的”、“地”、“得”在语句中都做结构助词，不表示实在的意义；读音也一样，都读“de”。因此，许多同学不能准确区别、正确使用这三个字。

“的”、“地”、“得”在句中的用法是完全不相同的。“的”用在名词的前面，起连接中心词和修饰、限制词的作用。如：

1. 火红的太阳冉冉升起。

2. 他的嗓音真好。

“的”字后面的那个词是中心词；前面的是修饰或限制词，表示“谁”、“什么”等。如“火红”是修饰“太阳”的，表示太阳是什么样的；“他”是限制“嗓音”的，表示嗓音是谁的。

“地”用在动词或形容词前面，也起连接中心词和限制词的作用。如：

1. 小艇迅速地前进。

2. 会上，大家的情绪异常地热烈。

第一句“地”后面是动词；前面是限制词，表示是怎样的动作。第二句“地”后面是形容词；前面是限制词，表示“热烈”的程度。

“得”用在动词或形容词后面，表示它后面的词或词组是前面动词或形容词的补充成分。如：

1. 同学们干得很起劲。

2. 苹果红得可爱。

第一句“得”前面是动词；后面补充说明动词怎么样，表示“干”的程度。第二句“得”前面是形容词；后面补充说明形容词怎么样，表示“红”的结果。

同学们要掌握这三个字的用法，只要分别记住它们各自在句中的位置和作用就可以了。当然，“的”字还有一些特殊的用法，同学们在使用时要特别注意。

“的”可以附着在词或词组后面，合起来构成具有名词性质的短语。如：

1. 红红绿绿的是同学们扎的纸花。

2. 吃的、穿的，都要保证供应。

“的”还可以放在几个并列的词后面表示“等等”、“之类”的意思。如：

1. 桌子上放了些纸、笔什么的。

2. 他去买了些糕儿饼儿的。

81. 二、两、俩用法有什么异同

“二”、“两”、“俩”都是数词，所表示的数目是相同的，但用法并不完全一样。我们在说话或写文章时应当合理选用，否则就会造成不应有的语病。

“二”和“两”在用法上有相同之处，其主要表现是用在表示长短、容积和轻重等量词（即度量衡单位）的前面，用“二”和“两”均可，如二尺，也可以说成两尺；两千克，可以说成二千克，它们所不同的是在一般量词的前面，通常用“两”而不用“二”。如两本书，一般不说二本书；两间房子，不说二间房子。

“俩”是两个的合音，读（lia)，所表示的数目与“二”和“两”是相同的，但在用法上既不同于“二”，也不同于“两”，而和“两个”的意义和用法基本一样。如兄弟两个，可以说成兄弟俩。凡是用了“俩”的地方，后面就不能再加量词“个”，加上就显得重复、别

扭、文理不通。

82. 古代的“文”与“字”有何区别

文字是记录语言的符号。《说文解字》是我国语言学史上的重要巨著，也是一部重要的字典。它为什么要命名为《说文解字》？“文”和“字”有什么区别呢？

原来，古代人把独体的，不可分解的象形字、指事字叫做“文”；合体的，可以分析的形声字、会意字叫做“字”。《说文解字·叙》说：“仓颉之初作书，盖依类象形，故谓之文。其后形声相益，即谓之字。文者，物象之本；字者，言孳乳而浸多也。”意思是说，仓颉在开始造文字时，大都是依照事物的形象画出它们的图形，所以叫做“文”。后来，形旁声旁互相结合，出现的形声字、会意字就叫做“字”。“文”是事物的本象，“字”是由文孳生出来而逐渐增多的。换句话说，依类象形，即独体，即“文”；形声相益，即合体，即“字”。这里便明确指出了“文”和“字”的区别，也说明了《说文解字》命名的缘由。

“文字”连用始见于秦始皇琅琊台刻石：“器械一量，同书文字”。“文字”，在现代汉语中，一义为记录语言的符号，如汉字、拉丁字母等。一义为语言的书写形式，如汉文、英文等。另有一义即指文章，多指形式方面，如说“文字清通”，意即文章清新流畅。

83. 甲骨文是怎样被发现的

清光绪二十五年（1899），有一天，国子监祭酒（国子监为国家

最高学府，祭酒相当于今大学校长）王懿荣患疟疾，请医生来看病，医生为他开的处方中有“龙骨”药一味。王懿荣待抓药的人回来后，拿起龙骨观看，忽然发现“龙骨”上面有一些刀刻的痕迹，再仔细观察，这些刀痕绘形意味浓厚，但又不是图画。经过初步思索、分析，他认为这些痕迹，可能是古人遗留下来的文字。

王懿荣是研究古文物和古文字的专家，他马上派人去把药店的“龙骨”全部买回来，经过细心研究，终于发现，这些“龙骨”全是些龟甲和兽甲，甲骨上的文字是在原始图案和符号基础上发展起来的文字，而这些文字大多为“卜辞”，是商朝奴隶主贵族向他们的祖先或鬼神占卜或祭礼的记录。后人把这些文字称为“甲骨文”，甲骨文就这样被发现了。

这些甲骨是从哪里来的呢？原来，它们最早出土于河南安阳西北的“殷墟”，殷墟是商朝都城所在地，早在光绪二十四年（*1898* 年）以前就被当地农民发现。农民以为是“龙骨”，可以治病，便卖到药店。当时，王懿荣曾以每字二两银子的高价搜求甲骨文，甲骨文便为世人所重视。

84. “三味”指什么

有一篇课文叫《三味书屋》，同学们往往对此产生疑问：这“三味书屋”是什么意思呢？对此问题，老师们的看法也不一致，大体上有如下几种解释：

第一种解释是，古人把经书比作肉汤，把史书比作肉块，把子书比作肉酱，说读这三类书正如品尝这三种美味一样，取名“三味书屋”，寓含博览群书之意。

第二种解释认为，读经书味如稻粱，读史书味如肴馔，读子书味

如醯（xī）醢（hǎi），也是博览群书之意。

第三种是许钦文在《语文课中鲁迅作品的教学》一书中说：“大概是把经书、史书、子书比喻作食物，经书是米谷，史书是菜蔬，子书是点心。”他因为没有确凿的证据，所以加上“大概”二字。

第四种解释说，鲁迅的塾师寿镜吾老先生认为“读书有味”，加之屋后园中梅花有味、桂花有味，合起来便是“三味”。

第五种解释说，三国时董遇曾说过：“冬者岁之余，夜者日之余，阴雨者晴之余。”人们应当利用一切空余时间努力学习，切莫让宝贵时光白白流失。宋朝苏轼对此极为赞赏，曾作诗说：“此生有味在‘三余’。”后来，寿镜吾的祖父寿峰岚认为“为学当以三余”，并将其书屋取名为“三味”。

以上种种说法，到底哪一种正确呢？我们先来看看古人对“三味”的解释。唐代段成式在《酉阳杂俎》序中说：“无若诗书之味大（同“太”字）羹，史为折俎，子为醯醢也。”宋朝文学家李献臣所著《邯郸书目》中也说：“诗书，味之太羹，史为折俎，子为醯醢。”

太羹是古时祭祀所用的肉汁。折俎指帝王士大夫宴礼时，将牲体关节解开，折起来盛在器皿中，俎是盛牺牲的礼器。醯醢是调好味的肉酱，醯是醋，醢是肉酱。“三味”的意思即经、史、子三种书犹如佳肴，读书正如品尝美味。由此可见，上文中第一种解释是正确的。

另外，“三味书屋”的横匾两旁有一副对联：“至乐无声唯孝悌，太羹有味是诗书”。清楚地说明诗书是有味的太羹，也是对“三味”一词最好的解释。

85. “华侨”一词从何而来

我国人民移居国外，历史悠久。但在唐宋之前，移居于国外的华人，还没有固定的称呼。唐宋以后，多数国人自称为“唐人”，这是因为唐代盛世，声誉远播国外，后来海外各国便称中国人为唐人。

当时的华侨亦自称唐人，他们对祖国习惯称呼为“唐山”，因而也就称自己为“唐山人”。到了明清时期，仍多称“唐人”、“唐山人”，但也有称为“华人”、“中华人”的。

清朝末年及之后，又有“华民”、“华侨”、“华工”等称谓。

“华”与“侨”两个字，就其单词的含义来说：“华”是中国的古称，“侨”是客居、寄居的意思。在唐宋之前就把寄居在他乡的人称为“侨人”或“侨士”。东晋时，北方流亡者大量南下，皇室统治者便在当时的扬州和荆州设了很多“侨郡”、“侨乡”来安置他们，这是使用“侨”字的开始。

随着移居国外人数的激增，“华”与“侨”二字被联在一起，用来称呼旅居在国外或寄居、客居的华人。在官方文件中正式使用“华侨”一词是在*1883*年，郑观应在给李鸿章的转奏清室统治者的奏章中有“华侨”一词。

*1904*年，清外务部又在一份奏请《在海外设置领事馆》的折子里提到“在海外设领，经费支出无多，而华侨收益甚大”。

从此以后，“华侨”一词便成为普遍寄居海外的中国人的一种专称了。

86. 敦煌壁画中的“飞天”是怎么来的

敦煌飞天是敦煌艺术的标志。只要看到姿态优美的飞天，人们就会想到敦煌莫高窟艺术。敦煌莫高窟*492*个洞窟中，几乎窟窟画有飞天，总计*4500*余身。

敦煌飞天从起源和职能上说，它不是一位神。它是乾闼婆与紧那

罗的复合体。乾闼婆是印度梵语的音译，意译为天歌神。由于他周身散发香气，又叫香间神；紧那罗是印度古梵文的音译，意译为天乐神。乾闼婆和紧那罗原是印度古神话和婆罗门教中的娱乐神和歌舞神。神话传说中说他们一个善歌，一个善舞，形影不离，融洽和谐，是恩爱的夫妻。后来被佛教吸收，化为天龙八部众神中的两位天神。

乾闼婆和紧那罗最初在佛教天龙八部众神中的职能中是有区别的。乾闼婆——乐神的任务是在佛教净土世界里散香气，为佛献花、供宝、作礼赞，栖身于花丛，飞翔于天宫；紧那罗——歌神的任务是在佛国净土世界里，为佛陀、菩萨、众神、天人奏乐歌舞，居住在天宫，不能飞翔于云霄，后来乾闼婆和紧那罗的职能混为一体；乾闼婆亦演奏乐器，载歌载舞；紧那罗亦冲出天宫，飞翔云霄。乾闼婆和紧那罗男女不分，合为一体，化为后世的敦煌飞天。

敦煌飞天从艺术形象上说，不是一种文化的艺术形象，而是多种文化的复合体。飞天的故乡虽在印度，但敦煌飞天却是印度文化、西域文化、中原文化共同孕育成的。它是印度佛教天人和中国道教羽人、西域飞天和中原飞天长期交流融合成的具有中国文化特色的飞天。它不长翅膀，也不生羽毛，借助彩云而不依靠彩云，主要凭借飘曳的衣裙、飞舞的彩带而凌空翱翔。敦煌飞天可以说是中国艺术家最杰出的创作之一，是世界美术史上的一个奇迹。

87. 为什么用“桃李”比喻学生

“桃李满天下”，是人们对辛勤育人，教出的学生遍布各地的老师的赞誉之辞。那么，为什么称学生为“桃李”，而不是其他呢?

据汉朝《韩诗外传》载，春秋时，魏国有个叫子质的大臣，他得势时，曾保荐过很多人。后来丢官只身跑到北方，见到一个叫简子的人。子质向简子发牢骚说："我过去培养了许多人，但是，当我遇到困难时，竟然没有一个人来帮助我，你看，我如今就落得孤身一人的地步。"简子听罢，劝慰子质说："春天种了桃树和李树，到夏天可在树阴下纳凉，秋天还可以吃到可口的果实。可是，如果你春天种的是蒺藜，到夏天不但不能利用它的叶子，而且还会长出刺来扎人。可见，培养人保荐人也要注意对象，君子培养人才，就像种树一样，应先选好对象，然后再培植啊！"

因此，后人就用"桃李"来比喻有培养前途的人，如今则用来泛指学生。

88. "一鸣惊人"这个成语怎么来的

战国时代，齐国有一个名叫淳于髡的人。他的口才很好，也很会说话。他常常用一些有趣的隐语，来规劝君主，使君主不但不生气，而且乐于接受。

当时齐国的威王，本来是一个很有才智的君主，但是，在他即位以后，却沉迷于酒色，不管国家大事，终日只知饮酒作乐，官吏们贪污失职，各国的诸侯也都趁机来侵犯，使得齐国到了濒临灭亡的边缘。虽然齐国的一些爱国之人都很担心，但是，却都因为畏惧威王，所以没有人敢出来劝谏。

淳于髡知道后，便想了一个计策，准备找个机会去劝告威王。

有一天，淳于髡见到了威王，就对他说："大王，为臣有一个谜语想请您猜一猜：咱们国家有只大鸟，住在大王的宫廷中，已经整整3年了，可是它既不振翅飞翔也不叫，只是毫无目的地蜷伏着，大王您猜，这是一只什么鸟呢?"

齐威王本是一个聪明人，一听就知道淳于髡是在讽刺自己像只大鸟一样，身为一国之尊，却毫无作为，只知道享乐。而他确实也不愿再当一个昏庸的君主了，于是沉吟了一会儿之后便毅然决定要改过，振作起来，做一番轰轰烈烈的事。因此他对淳于髡说："嗯，这一只大鸟，你不知道，它不飞则已，一飞就会冲到天上去；它不鸣则已，一鸣就会惊动众人，你慢慢等着瞧吧！"

从此齐威王不再沉迷于饮酒作乐，而开始整顿国政。首先他召见全国的官吏，尽忠负责的，就给予奖励；对那些腐败无能的，则加以惩罚。结果全国上下，很快就振作起来，到处充满蓬勃的朝气。另一方面他也着手整顿军事，强大武力，重振国家的威望。各国诸侯听到这个消息后都很震惊，不但不敢再来侵犯，甚至还把原先侵占的土地都归还给了齐国。

所以后来的人便把"一鸣惊人"这句成语用来比喻一个人如有不平凡的才能，只要他能好好运用，一旦发挥出来，往往会有惊人的作为。

89. 远古人类没有外语

如今，人类社会的文化多姿多彩，不同文化的表达方式也截然不同。但是，一位名叫埃曼纽尔·阿纳帝的意大利学者经过研究世界不同地区史前人类的岩画，得出的结论却是：所有人类的祖先在最开始交流的时候，使用的是同一种表达方式，遵循的也是同一种逻辑规则。他甚至认为；在人类进化到智人阶段时，存在着一种全人类通用的"原始母语"，世界上所有的语言都是在那之上发展起来的。

作为世界岩石艺术档案组织的创始人，阿纳蒂研究了 *5* 大洲 *160* 个国家和地区 *3* 万年前左右的岩画，认为各地原始人类最初所能表达的事物范围都极其有限，因此也非常一致。在那之后，受到地形、气候、食物和社会组织等条件的影响，概念、语言和艺术等领域的分化才渐渐开始，不同的文化由此形成。

阿纳蒂说，研究表明，世界各地史前艺术具有惊人的同一性，表现了同样的逻辑结构、联想方式和符号象征。阿纳蒂发现，非洲、欧洲、亚洲、大洋洲和美洲最早的史前艺术作品全都把红色作为主色调。他解释说，这并不是偶然的，因为红色是血液的颜色，代表着生殖和繁衍，这是与原始人的生存密切相关的问题。

阿纳蒂指出，全世界的原始人似乎都在用相似的符号表达相似的概念。在欧亚大陆和美洲，三角形和方块都用来表示土地；各个大洲都用一组波浪线代表水或液体；而无论在地球的哪个角落，带有放射线的圆盘描绘的都是太阳。

阿纳蒂还说，各地旧石器时代岩画的主题也无非 3 种：食物、性和土地。所有史前岩画描绘的对象都集中在人体形象、动物形象、武器、工具、地形和表意符号，而植物和风景这类本应很常见的事物却很少在任何地区的岩画中出现。

但学术界对阿纳蒂的观点存在争议。国际岩石艺术组织联合会主席贝德纳里克认为，旧石器，时代岩画主题和表现手段的一致性也许仅仅是巧合，而且，阿纳蒂推断的语言进化时间表与此前普遍认同的说法存在矛盾，因为相当一部分专家认为相对复杂的语言系统是在约 100 万年前形成的，这个时间要远远早于旧石器时代艺术产生的年代。

90. 楼兰文字之谜

从考古发现看，我们知道楼兰人使用的官方文字是佉卢文。据乔治·布勒等人的研究，佉卢文属于腓尼基字母体系的拼音文字，是从阿拉美文演变而来。目前所知道的最早的佉卢文是公元前三世纪古印度阿育王颁布的摩崖法敕。一世纪前后，中亚贵霜上朝曾将其作为官方文字之一，二世纪以后，贵霜碑铭逐渐采用波罗谜文，以后，随着王朝的灭亡而被废弃了。当佉卢文在阿富汗等地趋于没落之时，却在我国古代于阗、鄯善、疏勒、龟兹等王国里被沿用下来。就目前发现的佉卢文简牍数量而言，在我国新疆发现的材料最多、最系统和完整。为什么楼兰王朝使用这种在中亚已经绝迹的文字，难道“楼兰民族”是从中亚迁入本地的“外族人”？那么，他们经过了怎样的迁徙路线？在他们迁入之前该地是否居住着本地土著？他们与土著的关系如何？由于解读佉卢文有一定的难度，并非所有的资料都得到了释读，已释读的内容也有争议。可以肯定，要完全了解楼兰文化的内涵，全面解读佉卢文资料是一个关键。

当然，楼兰发现的佉卢文只是一种宗教和官方用语，并不是生活语言。本族人讲的语言是吐火罗语，这也是一种印欧语系的语言，早已成为“死语言”。吐火罗语在塔里木盆地有广泛的分布，有若干方言区。楼兰人讲的是“欧洲语言”，难道他们是从更远的欧洲经中亚迁入的最早欧洲移民？研究者仍然十分慎重。因为虽然楼兰人使用印欧语系的语言，但单有语言证据并不能肯定其为欧洲的后裔。

91. 经石峪大字是谁所为

在泰山经石峪中的一块大石坪上，刻着《金刚经》经文，被人们称为经石峪大字。

经石峪石刻的书法艺术之精，在我国书法界上是罕见的。遗憾的是，到现在还没有人知道是谁创作了经石峪大字。虽然郭沫若先生诗中已提到是“北齐人所书”，可是实际上他并没有什么依据，只是沿用古人之说。至今为止，经石峪大字的作者是谁，仍然是个谜。

清代学者考证后，指出经石峪大字石刻是北齐时的作品。但不同的学者对作者的认定全然不同。

根据清代学者聂剑光在《泰山道里记》中所写的可断定，经石峪石刻与徂徕山石刻手法相同，所以，把经石峪石刻的主人定为徂徕山石刻落款的梁父县令王子椿。在此之后，《泰安县志》以及许多泰山述记都赞成这种说法。不过，仔细考证后会发现，徂徕山石刻的款志是“经主梁父县令王子椿”，那么这只能说王子椿是经主，并不能由此认定他就是经石峪石刻的作者。所以聂剑光等人的说法很勉强，让人难以置信。

而清代学者魏源在《岱山经石峪歌》一书中也认为经石峪的作者是徂徕水，但理由不充足，说服力不够强。不过此后有许多人又附和魏源的说法，特别是名满天下的现代学者郭沫若也沿用这一说法。

除了认为北齐人创作了经石峪大字石刻的观点外，还有其他见解。

宋人陈国瑞的“非所能历千百年而不灭”一句，是感慨而发，还是有所考证，现在无法知道。

明朝学者王世贞则把经石峪石刻的作者定到了北齐之后的唐代。这种说法也有待于进一步考证。

经石峪的作者无论是北齐人，还是唐代人，迄今为止都没有足够证据来证实，要揭开这个谜还需后人进一步研究和考证。

92. 神秘的绳结语

1527年，西班牙冒险家勘探今天厄瓜多尔南部海岸一带地区时，发现了一个绵延四千多公里的庞大印第安帝国——印加帝国，疆界北起现在厄瓜多尔与哥伦比亚接壤处，南到今天的智利中部。这个帝国的元首高高在上，是臣民尊为太阳神后裔的专制君主。帝国人口众多，分成若干个部族，各地筑有道路和渠道。帝国内的各种活动，由一个高效率的行政体系统筹办理，并以帝国中部的首都库斯科为发号施令的地方。西班牙人看到这些已开化“异教徒”的工程和农业技术，及锻工精细、品种繁多的金银器皿，不由得叹为观止。这些印第安人的建筑工程和工艺制品不但能与欧洲最佳的媲美，而且是有过之而无不及。令西班牙人同样感到惊奇的是，印加人既不能读，也不会写。他们没有文字，也没有书写的数字体系，甚至连原始的图画记录和象形文字也没有。

这似乎不可思议。然而皇帝有需要时，手上资料一应俱全。如帝国子民的身份和年龄、食物供应、军队驻扎地点和数目、金银财产及皇帝关注的史实和法律等。以上所有的事项都用结绳的方法记录，而且非常翔实、准确，甚至一双便鞋也不会遗漏。

印加人的绳结语是在一条至少30厘米长的绳子上，系以各种长短粗细不一、颜色有别的绳子，在这些绳子上的某处，说不定还系有其它或长或短的绳子。印加人用不同长度的大小绳子，配以各种颜色的彩绳，就能做精密的记录，再复杂、繁多的事项也不怕有遗误。

打了结的绳子多得象现代图书馆里的藏书，由受过训练的人专门负责管理。保管具有结绳记事的本领，所以极受人尊崇，帝国君主也免除他们的各项义务。印加上层社会的男子所受的教育，是以如何通读和编绳结语为主。每个村庄至少有三四个结绳管理员，他们将彼此的记录交换检查，确保所有事项都能按规定记录下来。这些人各有专责：一个专管谷物收成的记录，一个管人口统计数字，一个管军备，还有其他的管民生所系事项等等。至于其他与数字无关的记载，如历史，传说和法律等“学识”，则要求记录者有极好的记忆。这类事项的大纲完全用口授的方法代代相传，有关细节再用结绳。

绳结语对一个幅员辽阔的中央集权国家极其重要。因此，所有地方上的结绳记录，均须呈交设在库斯科的中央记录局，以备当局核查。

西班牙人征服印加帝国后，引进了一种书目文字，因此大部分绳结语就湮灭了。今天我们见到的结绳记录大都收藏在博物馆里，但是现在的厄瓜多尔、秘鲁和玻利维亚的山区，仍有人用简单的印加绳结语记事，古印加人的后裔还以在长绳上打结和解结的方式来记录羊的数目。

93. 神秘的“红崖天书”

贵州省安顺地区关岭县南*10*公里龙爪树后面的晒甲山，传说因三国时诸葛亮南征屯兵晒甲于此而得名。山顶上的赭色嘎岩，壁立如削。壁上有不知何人写在上面的“神秘天书”。

“红崖天书”直接写在未经打磨的石壁上，宽*10*米，高*6*米，计*40*余字（其中“虎”字是清朝人徐印川所加）。参差不齐，大约分为十行，首行*2*字，末行*10*字。字大小不一，大者*40*厘米以上，小者*20*至*30*厘米。从岩下仰望，字青石赤，仿佛大书深刻，临近细审，无斧凿痕，字形奇异，非篆非隶，不能辨识。

最早的记载见于明嘉靖年间邵无善的“红岩”诗。清代中叶，开始引起学者的注意。先后有拓本、摹本、缩刻本多种面世，并被收入全国性的雕刻著录。记游考证之作甚多。邹汉勋、刘心源还分别作有释义。光绪年间，影响更大，名播海外。法国人柏如雷和弗海尔谓此刻“含有绝对的神秘性”。

“红崖天书”研究了近百年，说法不一，持肯定态度的有“三危禹迹”、“殷高纪功”、“诸葛图谱”、“苗文右书”和“囊文先声”诸说；持否定的则断言此非人工所为，乃是自然生成的石花，更有甚者，近来有人说它是“宇宙信息、“特异功能”。所有这一切都是扑朔迷离、云里雾里，没有拿出令人信服的根据。

1995 年 3 月，贵州省安顺地区行署向世人悬赏出百万破译天书。此举在海内外引起轰动，掀起了“红崖天书热”。

日前，山东大学艺术系副教授刘乐一先生应邀前往对其进行实地专题考察，经对各种摹本进行比较研究，得出了令专家学者信服的新论点。刘先生曾因破译《周易》中的八个卦符而饮誉学术界。他认为：“红崖天书”是汉字属性，形成于明朝初年，是二位目睹过宫廷内乱的隐士所写，其字义为：丙戌之时，宦官乱政（欧、杀），有口难言。“天书”的右下角有两组图形，很像一个女人在祈祷和一个儿童在戏耍。刘先生认为其含义是说：自此不再问政事，与妻儿隐山林共享天伦之乐。

刘乐一先生的这一立论，目前已得到众多历史、文字和文物专家学者的认可。百年文字之奥秘终于被揭示开了。

94. 古代性隐语

隐语古称瘦词，俗称谜语，它是一种不直接表明本旨而借别的词语来暗示的话。古代诗文和民间口语中保存了大量的隐语，如人所周知的以莲为怜、以藕为偶、以丝为思一类的隐语，巧妙地运用汉语谐声的特点曲折地表达爱情。但尚有大量的隐语如性隐语有碍封建教义，人们多避而不谈。

“云雨”作为最古老的性交隐语，可溯源于《易经》。《易·乾·象》谓：一乾元，万物资始，乃统天，云行雨施，品物流形。其中的“云雨”与“品物流形”相关联，意谓耕云播雨，才能化生万物，这里已有创造生命的象征意义。更富有的意味的是《周易·小畜》中的“云雨”已具有性的象征意义。《小畜》卦九辞谓“密云不雨，自我西部。”其卦象作䷈，即乾下巽上，按说卦的解释，乾为老男，巽为长

女，老男遇长女交欢自然不悦，所以九三交辞谓“夫妻反目”。显然，“密云不雨”之“云雨”已是十足的性关系用语。

古人以“云雨”作为男女性行为之隐语，当源于对天地相交化生万物的认识。雨与云一样都是天地交感的自然现象，因而雨同云含有性的隐义。

“云雨”作为男女性行为之隐语，一般皆认为此词出于战国时期楚国辞赋家宋玉的《高唐赋》中。辞曰：妾在巫之阳，高丘之阻；旦为朝云，暮为行雨，朝朝暮暮，阳台之下。在这里宋玉描写了楚王与巫山神女的欢会。神女说她朝为云暮为雨，总离不开阳台。后人也因之以“阳台”代指被爱恋的女子栖居之所。云梦之台、阳台也均成为男女性活动场所的隐语。唐代著名的大诗人李白曾多次借用阳台之典故，来表达他对率真性爱的追求，例如：“安石东山三十春，傲然携妓出风尘。楼中见我金陵子，何似阳台云雨人?”（《出妓金陵子呈卢六》）“美人美人兮归去来，莫作朝云暮雨兮分阳台。”（《寄远》）和“相思不惜梦，日夜向阳台”等。

在我国古代社会，每逢干旱祈雨，必然伴随着男女性行为的仪式，男女性交是祭神祈雨的必要行为。汉代董仲舒《春秋繁露·求雨上雨篇》记：“四时皆以庚子之日令吏民夫妇皆偶处。凡求雨之大礼，大夫欲匿，女子欲和而乐。”南宋罗泌《路史·余论》引董仲舒《请雨法》称：“令吏妻各往视其夫到起雨而止。”这里无论是“夫妇偶处”还是“吏妻视其夫”，都是通过男女性交来引发天地交媾的行为，从而达到降雨的目的。雨在人们的观念中就是天地性行为的结果。封建社会中的妓女祈雨正是这种观念的表现。理解这一点，才能真正理解为何我国古代社会一直用“云雨”来隐喻男女之间的性关系行为。

“食”也是古代的性隐语。食欲和性欲是人的两大本能，一个是自身生存的需要，一个是繁衍种族的需要。孟子就说过：“食、色，性也。”古人将性看得并不如后世那样神秘。他们觉得，人之有性欲如人之有食欲一样自然。因而，他们以为，人的性欲满足了就如早饭吃饱后食欲满足了一样。于是他们创造了“食”、“朝食”这样的隐语。如《诗·郑风·狡童》：“彼狡童兮，不与我食兮；维子之故，使我不能息兮。”情人（狡童）没有来，少女不得遂其愿，故寝处不宁。这种不安，实质上是一种性的躁动。又如《陈风·株林》写灵公与夏姬“乘我乘驹，朝食于株”，“朝食”并不是指他们浪漫的野餐，而是指他们见不得人的行为。再如《楚辞·天问》：“胡维嗜欲同味，而快朝饱。”大禹治水，被奉为神明，他却与涂山女私通于台桑，故诗人诘难，难道大禹和老百姓嗜欲相同，只求逞一时的快乐吗？闻一多以为，“朝饱”即“朝食”，也指通淫。

食则饱，不食则饥，故“饥’、“朝饥”成了性饥饿的隐语。如《周南·汝坟》：“未见君子，惄如调饥。”这句诗“以思食比思夫”，惄，饥饿，调饥即朝饥，指性饥饿。

和“食”相关的另一个隐语是“对食”。

《汉书·外戚赵皇后传》记载，“房（宫女名）与宫（宫女名）对食。”东汉人应劭解释说：“宫人自相与为夫妇名对食。”很显然，“对食”即当今所谓同性恋。同性恋是一种性反常行为，它是指在特定环境下产生的性意识变态。在古代，封建帝王荒淫无耻，三宫六院，粉黛三千，牺牲了大量少女的青春。这些幽禁的宫女因不得与异性接触，性意识发生变态是不足为怪的，“对食”作为同性恋的隐语千百年来也一直在宫中流传。

“对食”开始专指女子同性恋，到后来，女子与阉者的不正常行为也称——“对食”。南汉时，宫中有一条规矩，作状元者，必先受宫刑。这些受阉的状元多成为宫女的对食伴侣。故罗履先《南汉宫词》云：“莫怪宫人夸对食，尚衣多半状元郎。”因性恋对象为状元郎，所以这些宫女不仅不隐讳，反而矜夸于人。

同性恋者，男女都有。在古代，称男子同性恋的隐语为“断袖”、

“分批”。“断袖”出自于汉哀帝与其幸臣董贤的故事。《汉书·佞幸传》记载，董贤“为人美丽自喜”，哀帝很爱他。贤“常与上卧起”。一天昼寝，帝醒而贤未觉，“帝不欲动贤，乃断袖而起”。“分桃”说的是卫灵公与其男宠弥子瑕的事，弥子暇与卫灵公游于国，“食桃而甘，不尽，以其半啗君。”但史书中也偶有以“对食”指男子同性恋的。据《旧唐书·五行志》记载，“长庆四年四月十七日，染坊作人张韶与卜者苏玄明于柴草车内藏兵仗，入宫作乱，二人对食于清恩殿。”这当是“对食”这个隐语的变通用法。

刘勰在论述隐语的功用时说，隐语“大者兴治齐身，其次弼违晓惑”。古代的性隐语虽不关修身齐家、匡时正俗的宏旨，但它反映了一定的民族文化心理，“破译”这些隐语，我们能穿透历史的迷雾，更清晰地了解民族文化发展的脉络。

95. 印加人是否有文字

早在公元1200年左右，印加帝国只是一个小小的部落，后来在高原上建立了一个强大的印加帝国，到15世纪，印加帝国已包括今天秘鲁、厄瓜多尔、玻利维亚全部、智利的大部分及哥伦比亚南部和阿根廷北部，人口达600万，全国居民都讲克丘亚语。但令人疑惑的是，印加人是否拥有自己的文字？

有些专家坚持认为，印加人有自己的文字，而印加文字是什么样的，就说法不一了。有人说，印加人画在布板或其他织物上的一幅图画就是他们的秘密文字。据最早侵入印加王国的西班牙人讲，在库斯科太阳神庙附近有一座房屋，专门珍藏着许多画在粗布上的画，都装在金框中，除印加王和专门的保管人员外，不准任何人靠近这些画。后来西班牙殖民者抢走了金框，焚毁了全部图画，这些秘密文字也就消失了。还有专家认为，印加陶器上那些类似豆子的符号是他们的文字，只是没有谁能知道是什么意思。

大部分的观点还是认为印加人没有自己的文字，而且至今也确实没有找到印加人有过文字的证据。那么，印加人靠什么来记事呢？印加人当时是靠十进位的结绳记事法来记事的。通过考古，人们已获得不少印加人用于记事的绳，其中最长的一条达250米。印加人借助于绳的颜色、打结的形状与位置大小来记载当时发生的各种重要事件和自然现象。在印加王国为贵族弟子设立的学校里，教师还专门传授结绳记事的知识和方法。

当我们仰望连现代建筑师都叹为观止的雄伟印加古建筑时，我们能够相信印加人会是在没有文字的情况下创造这一切的吗？

印加人到底有没有自己的文字，迄今也仍是一个无法破解的谜。

96. 无人破译的手稿

美国康乃狄格州纽黑文市耶鲁大学的贝耐克珍本书与手稿图书馆内，几乎每天都有人来打听那卷“沃伊尼克手稿”。

手稿长8英寸半，宽5又3/4英寸，约200页，所用的是上等皮纸，上面写满奇字，由一种别人见所未见的字母组成。稿中的插图也同样古怪，看来描绘的是植物、女人和天文图。由于文字和图画都不易理解，此手稿号称世上最奥秘难解的手稿。1912年，纽约书商沃伊尼克宣称在意大利蒙德拉戈内学院的图书馆内发现这卷稿子，该学院位于弗拉斯卡蒂市，是耶稣会出钱创办的。沃伊尼克把手稿买下，携返纽约，着手追查其来历。稿内夹了一封信，是布拉格大学校长和杰出科学家马西于1666年写给著名学者柯切尔的。有了这封信，追查工作容易得多。

马西在信中表示，他从“一位密友”处得到手稿，后转送业师柯切尔，因深信除了柯切尔，没有人看得懂。信内又说，根据可靠消息，这卷手稿曾属1612年逝世的神圣罗马帝国皇帝鲁道夫二世。鲁道夫花了6000枚金币买下手稿，金额在当时可算是大数目了。

马西信中最重要一点，是指出鲁道夫认为手稿作者是英国人培根。培根生于13世纪，在中世纪学术界享誉甚隆，人称“超凡博士”。他远见卓识，曾预言不少20世纪才出现的事物，如汽车、飞机等。他是数学和物理学专家，又是声望极高的哲学家和炼金术士。

“沃伊尼克手稿”会不会是培根最伟大的著作，谈及极其先进的科学理论，以致无法用普通文字写出来？沃伊尼克希望找到答案，于是将副本分送给感兴趣的学者研究，岂料学者大多对此一窍不通。他们起初以为手稿的密码相当简单，不难译解，研究起来才知道不是那么一回事。

此后近60年，手稿的研究并无什么进展，到1970年，耶鲁大学的布伦博教授着手研究这个问题，才有点头绪。他看到手稿内一些符号，想起在另一份文件中偶然见过一种图解，图解中以符号代表数字。

布伦博教授仔细查看手稿内若干页边空白，找到一些胡乱写成的算式，看来作者采用的可能也是数字代号。他在一处页边上找到一个图表，表上有26个符号，数目刚好和英文字母的相等。表中那些符号及其排列次序，跟页边算式内的符号及次序几乎完全一样。

这是译解密码的线索吗？从1到9的每个数字，是否各代表26个字母中的3个？布伦博列出下表：

1	2	3	4	5	6	7	8	9
A	B	C	D	E	F	G	H	I
J	K	L	M	N	O	P	Q	US
R	S	T	U	V	W	X	Y	Z

“沃伊尼克手稿”中的文字大多证实为一种简化的拉丁文。词尾常为us，在这套密码中，布伦博用9来表示us。

这个图表是否就是手稿内所用的密码呢？手稿某页的插图画了一棵像胡椒的植物。布伦博用数目字代插图下面所写的符号，得到757752。根据这些数字查对图表，正好拼出了胡椒的英文名字。用同样方法还译出了其他植物和星辰的名称。

“沃伊尼克手稿”的秘密仍未揭开。例如，原文的主要部分很多重复，而且看起来往往毫无意义。布伦博教授推测，那可能是一名炼金术士杂乱无章地写下的记录，尝试依照古法用神秘物质或炼金药点石成金。果真如此，那么炼金药的配方会不会就藏在这卷神秘难解的手稿里？要揭露“沃伊尼克手稿”的真相，还有待学者进一步研究。

97. “仙字”之谜

福建省南部山清水秀的华安县境内，九龙江的支流汰溪日夜奔腾。在溪口入江处附近高达30余米的悬崖峭壁上，约有20个字形奇异的石刻文字，它们散布在5个地方，依稀可辨。这是我国南方少见的古代象形石刻文字。千百年来，多少文人学士无从破读，视其为“仙字”。“仙字”的所在地也因此被称为“石铭碑”、“仙字潭”。现有资

料显示，至迟在唐代，华安“仙字潭”的“仙字”就已为世人所见。唐、宋以后，许多文人骚客接踵而来，但面对“仙字”，他们依然无从认识，只能留下一些诸如“有文纵横如篆书”、“虫文写篆不可识”之类的感叹吟唱。

1915 年，岭南大学教授黄仲琴先生只身来到华安“仙字潭”考察，从此打开了科学考察“仙字”之谜的大门。*1957* 年，福建省文物管理委员会派员为“仙字潭”的“仙字”逐一做了拓片照相记录，并发表了调查报告，为后人的研究提供了完整可靠的材料。他们经过考察得知，这些所谓的“仙字”，其实都是凿刻在“仙字潭”摩崖石壁上的象形文字。字体大的长 *70* 余厘米、宽 *20* 余厘米，小的长 *10* 余厘米、宽仅几厘米。它们都保留着原始古朴的象形表意形态，个别的虽与甲骨金文或蝌蚪文有所类似，但又不尽相同。其形状有的像挥动双手的斗士，有的像鼓腹挺立的女性，有的像引颈待诛的俘虏……

流行千余年的“仙字”之说虽然就此被打破，但确定这些符号性质的问题却接踵而来。有的学者认为它应属于原始象形表意文字，有的认为应属于图像文字，有的则认为是春秋时期的“吴籀”。关于“仙字”的凿刻时代，一种意见认为在春秋时期，另一种意见则认为可能早到商代，因为只要有金属器具，“仙字”的凿刻就不成问题。至于“仙字”的作者，有的认为是春秋时期的吴人，有的则认为是福建南部地区的古代土著居民即越人。

这些‘仙字”到底记叙了些什么？这是千百年来人们十分感兴趣的问题。黄仲琴教授在考察后认为，“实非符篆之类”，“至其有似古金文者，亦不得强为附会”，但他没有解释“仙字”到底说了些什么。*1959* 年，福建师范大学刘惠蒸副教授首次对“仙字潭”石刻做了全面考证，认为它是记载春秋时期吴部落战胜夷、越、番三个敌对部落后的纪功石刻。

“仙字”的历史真相还未大白，对这一历史真相的认识，还有赖

于对同一历史时期当地社会和民族文化史的进一步整体把握，而这方面还有许多工作要做。

98. 神秘字符的起源

新斯科舍省哈利法克斯郡昆士兰的乔治·扬首先使人类开始循着神秘的加拿大雅茅斯石头的踪迹进行探索。这块180公斤重的巨石是1812年由一名雅茅斯医生理查德·弗雷彻在一处泻盐沼泽中发现的。他是一位军医，于1809年退休并来到雅茅斯居住下来，后来于1819年在那里去世。实际上他把这块石头置于靠近岸边的一块凸地上。当然，那块地位于柴格津沼泽地出口和雅茅斯港西边之间。石头上简短的铭刻有十四个字符，而这些字困扰了专家近200年。

现在，在科林斯街22号迷人的雅茅斯郡博物馆，这块石头被精心地保存下来，并且突出地展示给公众。博物馆的董事兼馆长、历史学家埃里克·丁·拉夫，对这块神秘古老的石头及其可能的来源有着丰富的有价值的信息。在最近的一次采访中，他告诉记者以下的事情。采访中他允许记者做记录，而且，这次采访对破解字符是非常有帮助的，并提供了很多的信息。

在雅茅斯的历史上，雅茅斯神秘石头是一桩十分有趣的事。多数人认为它是北欧海盗留下的，那是一般的说法，但是也有许多其他说法。大致说来，它是由一位叫弗雷彻的医生于1812年，在雅茅斯港尽头发现的。有一些人，特别是弗雷彻医生的后代，总觉得是弗雷彻雕刻的，因为他显然是个爱开玩笑的人，而且，他的家人也总觉得就是他刻的。其他许多人觉得是北欧海盗留下了这块石头，而且这块石头已经几次被不同的人从古代北欧文字翻译过来。有一篇译文是小亨利·菲利浦斯在1875年左右翻译的，他觉得那些古代北欧文字要么写的

是‘哈口对他的众人讲话’要么写的是‘哈口之子对他的众人讲话’。”

后来在1884年，菲利浦斯根据前任省博物馆馆长哈利·皮尔斯的一份注释，出版了关于那段话的一篇论文，并认为这位叫哈口的人是1007年沃卡尔塞芬探险队的一名成员。

埃里克·拉夫还告诉记者，在1934年，奥勒弗·斯特兰伍德曾经翻译了石头上的北欧古代文字。斯特兰伍德的这篇译文语言上特别有趣。奥勒弗·斯特兰伍德是华盛顿市本顿县的学校督察官，而且还是一位杰出的挪威学者，他相信文字的确是北欧古代文字。他把它们译为：“雷夫艾利科设立｛此碑｝。”“此碑”的意思在句子中是人所理解的东西。这块古代北欧文字碑字符自身中不含有它。这种被理解的语法结构的意思，也能在请求帮助时被发现，如“请帮助我｛从这条沟里｝上来”，在这儿，“从这条沟里”的意思是明白的，因为，被呼唤的人能看见沟并且明白说这话的人的处境——两者都使得这被充分理解的句子显得多余了！实际存在的雅茅斯大石头，以十分相同的方式，使加上的“此碑”显得不必要了。正像孔子可能在他的警句中明显地写下的那样：“在坚石上深深刻字的人，会比用墨汁和毛笔在纸上写字的人，选择更少的文字。”

在1934年，当奥勒弗·斯特兰伍德从事他的工作时，乔治斯·圣·佩林正负责管理这块石头和当时保存它的雅茅斯图书馆。1934年，乔治斯在给奥勒弗的关于石头的描述中清楚地写道：“……没有什么侵蚀迹象。除了几块孤立的地方以外，雕刻显出一种明显的V形部分……石头质地非常坚硬……雕刻是如此精工细琢，雕刻者一定使用了高度淬火的工具……”

斯特兰伍德做得非常有效的工作是，通过已确定的北欧古代的各种字母，细心搜寻从已鉴定的资料中找出已知的对应者，对应刻在雅茅斯石头上的北欧古代文字。然后，他把被对应的北欧古代文字挑出

来，又给出上面北欧古代文字的拉丁字母的对应物。斯特兰伍德做了几页绘有密密交叉的对照资料，来确立和证实石头上的所有十四个北欧古代字符，最后，得出了拉丁文译文：

LAEIFR ERIKU BISR

考虑到北欧古代文字和以稍微不同的角度雕刻的欧甘文字之间有较小的差异，法国中部的格罗浑字母和雅茅斯石头上的刻印文字之间，也有一种惊人的相似性。

为了公正地平衡各种北欧古代文字专家的意见，需要说的是，在*1966*年，即斯特兰伍德著作出版约*30*年后，奥斯陆诺斯克学院的利斯托博士，对那些刻印文字到底是不是北欧古代文字表示了怀疑。

朱丽叶斯·弗拉施·哈蒙在他的题为《关于布来克斯顿和雅茅斯石头上的雕刻》的论文中，对这个问题提出了一种全然不同的学术意见，这篇论文刊登在*1976*年*1*月的《西弗吉尼亚历史》第*36*卷中。哈蒙认为那些碑文纯粹是数学，而且是关于一支探险队的统计数字，这支探险队曾按照瑞典国王艾利科十四世的命令而出发。

埃里克·拉夫然后继续解释其他几种十分有趣的看法。“有一种早期巴斯克人的说法，讲石头铭刻的意思是：‘巴斯克人民已征服了这块土地，’这可能来自公元前*350*年。迈锡尼人的说法，可能比那更早，它把石头解释成‘尊贵的神座：在大水达到顶峰的时候，皇家的纯种狮子于落日时被派出去，以起保护和控制作用并挖出一个洞穴，它们已为此全部遇难’。我认为这是不可思议的——只从几个北欧古代文字中，你怎么能得出那种意思？正如大家所知，我不怎么相信这事。其他的说法还包括日本的说法，*14*世纪斯堪的纳维亚的说法以及树根的说法。所以，读者可自由选择。我喜欢我的访问者进来问，‘这是真的吗？’而我说，‘是的，它是一块真的石头。’我们确实有点儿关于这块石头的问题。*30*年代历史学会的一位主席认为，碑文正在出现褪迹，所以，他重新凿刻了这块石头，因此，我们失去了我们能从原件中获得的任何东西，尽管我们确实有原物品的照片。不管怎么说，事情就是这样。石头原本属于雅茅斯公共图书馆，自从在20世纪50年代博物馆开馆以来，它就被他们借走了。”

“我自己喜欢的说法是巴斯克人的猜想，因为，我得到了一本巴斯克语——法语字典，而且在一本关于北欧古代文字的巴斯克语书籍中，查到北欧古代文字，因此，我明白他们能如何使那些同与巴斯克词语对等。这对我很有意义：你当然能看见‘巴斯克语’；能看见‘人们’；能看见‘土地’。大约在1895年，在雅茅斯又有一块石头被发现。那上面有着像我们已发现的北欧古文字石头那样的北欧古文字，而且，当时在它们下面还多出三个字母——那上面文字译成巴斯克语是‘巴斯克人民已征服了这块土地，并在此居住。’关于那块石头有一些猜测，因为它恰恰在一家于1895年刚开业的旅馆里被发现，而那块石头从此丢失。”

“我们的石头是在1812年发现的，那时人们甚至都未想到北欧海盗。它可能是北欧海盗的。我当然不怀疑北欧海盗曾到过这里。我确信，他们可能来过这儿。他们当然在纽芬兰。”

这种观点得到伯吉塔·沃里斯的有力支持。1995年，她正与一个德国电影组一起工作，并且曾经带他们看过在纽芬兰的兰斯奥克斯草原的北欧海盗的场所，她认为这个场所无可否认是真实的，然后，她曾带他们到新斯科舍省去拍照雅茅斯石头。

埃里克继续解释这块石头怎样在第一次世界大战的渡过大西洋的。

“这块石头有一次被拿到英国验证或者翻译。它是在第一次世界大战前被拿走，当准备归还时，战争爆发了，因此人们决定不去冒遭遇潜艇的风险把它带过大西洋。显然，在第一次世界大战期间，它是在伦敦码头的包装箱里。”

“人们从石头的背面取下一些碎片，来鉴定石头是从哪儿来的。认为它来自斯堪的纳维亚的某个地方可能会很好，可是，它就是当地的石头。”

劳拉·布莱德利是雅茅斯郡博物馆里非常肯于帮忙而又知识渊博的档案专家，他接受了一次录音采访：“我见到几位研究者专程来这里看这块石头。早期的研究者和注释者实际看不到那石头，所以，他们是与照片和标本打交道，因此他们不能断定石头上哪些是自然标记，哪些是人为的。”一种反馈回来的说法是，石头上的标记是自然形成的。它很难鉴定，因为原来完整的碑文被重复雕刻搞乱了，很难以相同的方式查看石头的标记。然而，在过去六年里，两位地质学家查看了这块石头，他们告诉我，他们不相信这些记号是自然形成的。而我们当地的专家，这个领域中真正的北美专家，在加拿大公园里工作的伯吉塔·沃里斯说，这标记的确不是北欧古代文字，但它们是自然形成的。因此，我们有持相反见解的很有资格的专家。

“我还不能下定论。我知道这块石头是在 *1812* 年发现的，发现它的人是一名军医。实际是他制作这些标记的可能性对我来说好像很渺茫。然而，我找地质学家交谈时，他们觉得它不是自然形成的，或者不是一种自然现象，而与这位挪威专家谈论时，此人说那决非北欧古代文字，我真感到我想发表一种有根据的意见，可不幸的是，在这点上，我不能那样做。这是雅茅斯最大的神秘的事情之一。我一生看了所有这些专家的文件，真的不知道那些标记如何跑到那石头上来的，这对我来说很是个谜。”

简而言之，最后证明有争议的古代雅茅斯石头可能有关的北欧海盗实际历史是什么？红发埃里克，或者称为埃里克·托瓦尔松，成功于公元 *10* 世纪末期，是格陵兰岛上斯堪的纳维亚人最早居住地的建立者。他的儿子——雷夫·埃里克松，是首位完全可信的发现北美的欧洲人，*981* 年春天，红发埃里克和大约 *30* 名他的家属、朋友、邻居及一批牲畜西行。他们的瓦叠式外壳的北欧海盗船不足 *30* 米长，而且，做这种海上航行的条件一定很不利。由于受到一座漂流冰山的阻碍，他们未能在东海岸登陆，而是绕过南端，然后沿西海岸（现在的朱列内哈伯）向北航行。在找到了他们喜欢的陆地以后，把它命名为格陵兰，后来由于他们对这块陆地的大肆夸赞，以至于他们同时代的热心人组成一支探险队，共有 *25* 艘船装载着潜在的殖民者以及牲畜。实际上，只有 *14* 艘，共包括 *300* 到 *400* 名殖民者在那里定居下来，这个地方就是后人所知道的“东部殖民地”。

在 *999* 年，埃里克的次子雷夫，称雷夫·埃里克松或幸运的雷夫，从格陵兰经过赫布里地群岛航行到挪威，他们没有走更通常的冰岛航线。次年，在他回来的途中，他没有在中间任何陆地停留。希望到达格陵兰南端。由于天气恶劣，他没能到达那里，却看到了北美大陆：大概是拉布拉多，也许是纽芬兰，甚至也许是远在南面的新斯科舍。当他意识到不论这是哪里，都不是他父亲在格陵兰的家时，他转而沿海岸北上，在秋天之前安全地到了家。这个具有诱人的问题一直未被解答：雷夫·埃里克松是否在雅茅斯附近登陆，并且当他在那儿时，是否刻印了那有争议的石头？

99. 向文字史挑战的怪字母

在法国中部维希附近格罗泽的小村子里，坐落着属于弗郎丹一家的农田。在 *1924* 年 *3* 月 *1* 日，当时埃米尔·弗朗丹只有 *17* 岁时，他正帮祖父救他们的一头牛，这头牛掉进了他们的一个表面平坦、安全、长满草的牧场下面。一个完全未预料到的人造洞穴就在他们脚下。

它的周边是互相压住的砖块，其中有几块好像用高温上了釉。洞穴可能是一处古代砖窑，或者也许是一处旧玻璃作坊。

当埃米尔和他的祖父成功地将他们的牛救上来之后，埃米尔走下去，更仔细地探查这个洞穴。仅仅几分钟，他就有几个有趣的发现：

沿着洞穴排放的是烧过的砖块和石头架子，还有大量的储存壁龛。所有这一切都充满着年代久远的不寻常的物品。埃米尔发现了许多小型原始神像的雕像，上面刻有鹿角和骨头，他发现了黏土刻字板，刻有一种无人能读懂的字母表。因为附近还发现了大量的人类尸骸，所以，这个地区被称为死亡之地。

阿尔伯特·莫利特博士是一位医学工作者。当弗朗丹一家发现那个洞穴时，他正在维希行医。他也是一位非常热心的业余考古学家。阿瑟·柯南道尔先生的《失去的世界》（*1912* 年）一书中包括两个学者：一个是查林吉教授，一个是反对他的学者，他们激烈地争论着他们抱有希望的、矛盾的考古理论。不论阿瑟的书是否突出了夏络克·福尔摩斯，还是阿瑟的一些浪漫的或者历史性的人物，阿瑟著作的一个了不起的长处在于：他的小说中的人物都是逼真的。阿瑟先生把历史上的男男女女情真意切地放在小说中描述。查林吉和他的对手是高级学者的完美典型，当他们的理论发生冲突时，他们互相猛烈批评。莫利特和弗朗丹一家站在格罗泽事件激烈争论中的一边，而法国考古学界的大多数则站在另一边。战线因此形成了，互相间凶狠的攻击持续了很多年。

莫利特于 *1925* 年 *4* 月 *26* 日走访了弗朗丹农田，对这家人指给他看的东西留下了深刻的印象。他仔细检查了现场和其中的工艺品，并声明它们是古代真品，有重要价值。

莫利特与弗朗丹一家达成一项交易。他们将拥有从牧场中发掘出的全部工艺品，但是，他对于在那儿发现的东西，有科学研究、报道和出版的独家特权。

有关在格罗泽令人震惊的发现——特别是上面有神秘未知字母表的刻字板的消息，传到了卡比丹博士的耳朵里，他在专业界被广泛认为是法国最著名的考古学家之一。他参观了现场，现场最初给他留下的印象，就像莫利特博士一样。他因此写信给莫利特：“在这里，你

得到了一个令人惊奇的地层，请给我写一份有关你发现的详细报告，我可以把它送交给历史遗迹委员会。”如果莫利特那样做了，格罗泽故事的全部历史将会完全不同。但是他没这样做，他和弗朗丹一家没有理睬卡比丹，而是出版了一本独立的著作，题为《一个新的新石器时代遗址》。

卡比丹博士感到蒙受了耻辱，因为他被排挤了出去。他想，他的权威和他的职业声誉受到了威胁。他认为莫利特只是一个业余爱好者，而把他自己看成是20世纪20年代法国专业考古的缩影，他被异常地激怒了，因为这名仅仅是自命不凡的业余爱好者，竟敢向“他”挑战，而他认为自己是专家中之专家，是一位所有其他专家都谦恭地追随和服从的人。

由于这种自负，卡比丹产生了强烈的报复心理。他声称，格罗泽遗址不具有权威性，而且是弗朗丹一家制造了这个“发现”。

然而，不是所有法国有名的考古学家都跟着卡比丹随帮唱影。来自圣热尔曼的学识渊博的教授所罗门·莱纳齐，站在格罗泽人一边。莱纳齐相信地中海地区是文明的真正摇篮，而不是巴比伦或远东。如果格罗泽的工艺品是真实的话，那么，格罗泽遗址将是他军械库中的有力武器。神秘的被雕刻的刻字板也支持了历史学家卡米尔·朱利安的理论，他曾对罗马人占领高卢进行了专门的研究。法国学会推举让洛斯教授参与讨论，此人研究了一件石制死亡面具，认为它非常像贝多芬。雷内·迪索教授加入了卡比丹反对格罗泽人团体的行列，他声称，洛斯没有弄明白的东西是，这件特殊的格罗泽面具像贝多芬，是因为弗朗丹一家曾仿制了贝多芬的死亡面具，由于真的贝多芬已于1827年去世，因此，迪索争论道，所有的格罗泽发现物都是赝品，恰是一种一概而论的结论，即制造被雕刻的骨头和鹿角，它们奇怪地像所有被接受的博物馆样品。而这些样品，曾得到像卡比丹那样的考古学界被公认的领导人的鉴定。

而后，争论中又加进了一位法律学家，叫做爱德蒙·贝尔，他认为地中在一些黏土制成的刻字板中查出来。他说，它们也许是赝品。亨特·查尔斯·罗杰斯，一位臭名昭著的古迹伪造者，像多森和皮尔当·斯卡尔在英国可耻的失败一样，承认了他曾制造了一些格罗泽工艺品，但是人们不认为罗杰斯的话是真实的，他会喜欢与格罗泽争论有关的出风头事情。

在*20*世纪*70*年代，当莱昂内尔为剑桥大学EM学会讲课时，对这个课程的研究工作把研究者带到了格罗泽，与埃米尔·弗朗丹进行了长时间会谈，在与他见面之前，几乎是半个世纪以前。他抢救了牛并且有了重大发现。研究者也有很多机会来直接研究遗址自身和格罗泽博物馆中的工艺品，就学者考虑的意见来说，埃米尔·弗朗丹是认真诚实的人，遗址是*1924*年偶然被发现的，当时牛掉进了遗址中，其中发现的古代工艺品不是*20*世纪伪造品。在这些物品和字母表的背后，无论存在什么奇怪的历史，埃米尔·弗朗丹所做的一切就是把这个秘密曝光：他没有插手制造这些物品。

热发光的发现，使得态势大大有利于格罗泽人。用热发光的方法鉴定日期的最早工作和实验是在爱丁堡和哥本哈根大学完成的，但是，现在各地条件好的实验室都能做。例如，达尔豪西大学TOSL研究实验室就是这个领域的重多领先机构之一，现在这些机构给私人收藏者、艺术馆和博物馆提供热发光分析服务。

热发光通常缩写成TL，根据以下原理工作，即许多晶体如：长石、石英、方解石和钻石，能从诸如宇宙线、阿尔法射线、倍塔射线和伽马射线等电离射线中吸收能量。这种能量释放晶体中的一些电子，这些电子围绕各自的点阵运动。因为这种点阵包含某种毛病和不完善的地方，所以，有些电子不可避免地会被这些不完备的地方所搁制。给晶体加热或者引导高能光线射向晶体，会释放出被抑制的电子，晶体因此将开始发光。通过测量来自发光晶体的光，热发光法科学家们

能估算出过去了多少年，因为能量在以前的某种场合丢失了，例如在窑烧陶器的过程中，而现在晶体构成陶器的一小部分地方。

假设一个酒杯是4000年前烧制的，那么，它的石英晶体曾含有的全部能量会因为那当初的窑烧而被释放出来。如果这酒杯然后不受干扰地在地下躺4000年，既不暴露于热也不暴露于光能量中，那么，它将逐渐吸收自然界的射线。

然而，还需要举出一个事例，即中世纪男巫、女巫、僧侣、医士和巫师、戏法表演者以及向亡魂问卜的巫师，他们收集了这些奇怪的东西，相信它们是魔力的来源，并且能把魔力传给使用者。某个中世纪魔术师在格罗泽有他的总部和车间吗？那是用未知字母写的他的符咒和咒语吗？符咒和吉祥物是在那儿生产并卖给顾客的吗？是否有理由推断，在近代科学出现前的日子和年代里，携带在月光下收集的适合的香草包裹的一只小巧的隧石制成的箭头，会使携带者免遭致命弓箭手袭击，而使他自己的弓箭每次都准确无误地击中它们的目标呢？

通过喂一种包含巨型碎骨的药，而帮助一名矮小的儿童长得更壮，更坚实，更高，如何？（已成化石的恐龙，猛犸和柱牙象的残余。）

一处有砖石架子的地下室，会成为一个理想的车间、磋商室及居室，就像莎士比亚笔下的普罗斯佩罗在他岛上的那样。今天，格罗泽这种地方已经够偏僻的了。在中世纪，它一度似乎更偏僻：作为魔术师的储存洞，这是一种理想的隐藏地点，它远离民政当局窥探的眼睛，并且相对来说，不为宗教法庭所骚扰。

另一个奇怪的秘密与格罗泽擦边：即古代的夏托蒙吉尔伯特城堡在它附近。在格罗泽附近的蒙吉尔伯特，建于12世纪，当时，圣殿骑士正在达到他们权力的高峰。圣殿骑士们几乎是边作战边建造。他们的砖瓦匠技艺可与他们的战术和勇气相媲美。年轻的弗朗丹于1924年所发现的奇怪的地窖与蒙吉尔伯特城堡有关吗？大量密码和秘密与圣殿骑士们有关系吗？

夏托雷恩是一座建在山顶上的小村子，它与教区牧师贝郎热·索尼心教父*1885*年发现的神秘的财富有关，从格罗泽到这个小村子乘车仅需两天。如果格罗泽和雷恩财宝之间有联系，那么，格罗泽和靠近新斯科舍海岸的橡树岛钱坑里的同样神秘的财宝之间，也可能有一种联系。圣殿骑士们几乎无疑地与蒙吉尔伯特和雷恩城堡有联系：如果有关奥克尼的亨利·辛克莱和他帮助渡过大西洋的圣殿骑士难民的说法也是真实的，并且有各种理由可以相信支持这种说法的证据，那么，除了雷恩和格罗泽之谜以外，圣殿骑士们很可能还与橡树岛之谜有关。圣殿骑士们是密码专家。刻印在格罗泽刻字板上的令人迷惑的字母表可能包含着圣殿骑士秘密。

关于神秘的格罗泽文字，不论它的最终实情可能是什么，它绝非是一件孤立的事情。已被国际考古机构广泛认为是真的保加利亚的所谓鞑靼人刻字板，被认为比古代苏美尔的杰姆迪特·纳苏字母表至少早*1000*年。如果格罗泽刻印文字是古老而又是真实的话（它们看来确实如此），那么，它们就是向以前的被理解的文字发展史挑战。事实真是如此吗？迄今为止，科学家们仍无从解释。

100. 不解的字谜

桂林阳朔碧莲峰上雕刻着一个直径将三米的“䇷”字，此字龙飞凤舞，苍劲有力。游人到此，都要停下来观赏研究，然而*100*余年来，谁也肯定不了这是个什么字，它真正的意思是什么。

“䇷”字的作者是山阴的王元仁。王氏擅长草书，道光十四年（公元*1834*年）在广西阳朔当县令。就在他任职的那一年，挥笔写下了这个巨幅字，由能工巧匠凿雕在鉴山主峰——阳朔县城的碧莲峰壁石上。遗憾的是，王元仁没有留下任何注释，这样一来，百年墨迹只好留给后人去评说。

这个字如此奇妙，竟引得无数游客骚人抬头仰望，仔细琢磨。

韩愈曾以“江作青罗带，山如碧玉簪”的诗句来概括漓江的秀丽景色，因此有人将这个字认作“带”，其意是对“江作青罗带”风光的赞美。但那些善于思考的先辈文人墨客，从此字中又琢磨出“一带山河，少年努力”八个字的意思。的确，如果你仔细观察，这八个字果然笔笔有着落，字字有根据。

又有个文学家不满足前人的说法，买了拓片带回家中仔细琢磨，细心推敲，认为应是“一带山河甲天下，少年努力举世才”十四个字的意思，是用来激励来人和后者的对联。

可是又有一位诗人，比那文学家更善于联想，他竟从中揣摩出一首四言诗：

一带山河，举世无双。

少年努力，万古留芳。

上述几种解释，也只是人们的猜测。百余年来，成千上万的古今中外游客，对这个字浮想联翩，各抒己见，虽然说不出所以然，但都认为此字一定别有一翻用心，并且寄予深刻的含义。这究竟是个什么字，它是什么意思？这个百年之谜，不知何时才能解开。

101. 一个“弩”是什么意思

桂林阳朔碧莲峰上雕刻着一个直径约三米的“弩”字，此字龙飞凤舞，苍劲有力。游人到此，都要停下来观赏研究，然而100余年来，谁也肯定不了这是个什么字，它真正的意思是什么。

“弩”字的作者是山阴的王元仁。王氏擅长草书，道光十四年（公元1834年）在广西阳朔当县令。就在他任职的那一年，挥笔写下了这个巨幅字，由能工巧匠凿雕在鉴山主峰——阳朔县城的碧莲峰壁石上。遗憾的是，王元仁没有留下任何注释，这样一来，百年墨迹只好留给后人去评说。

这个字如此奇妙，竟引得无数游客骚人抬头仰望，仔细琢磨。

韩愈曾以“江作青罗带，山如碧玉簪”的诗句来概括漓江的秀丽景色，因此有人将这个字认作“带”，其意是对“江作青罗带”风光的赞美。但那些善于思考的先辈文人墨客，从此字中又琢磨出“一带山河，少年努力”8个字的意思。的确，如果你仔细观察，这8个字果然笔笔有着落，字字有根据。

又有个文学家不满足前人的说法，买了拓片带回家中仔细琢磨，细心推敲，认为应是“一带山河甲天下，少年努力举世才”14个字的意思，是用来激励来人和后者的对联。

可是又有一位诗人，比那文学家更善于联想，他竟从中揣摩出一首四言诗：

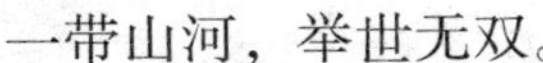

一带山河，举世无双。

少年努力，万古留芳。

上述几种解释，也只是人们的猜测。百余年来，成千上万的古今中外游客对这个字浮想联翩，各抒己见，虽然说不出所以然，但都认为此字一定别有一翻用心，并且寄予深刻的含义。这究竟是个什么字，它是什么意思？这个百年之谜，不知何时才能解开。

102. 中国古书“第一部”有哪些

第一部字典是《说文解字》

第一部词典是《尔雅》

第一部韵书是《切韵》

第一部方言词典是《方言》

第一部字书是《字通》

第一部诗集是《诗经》

第一部文选是《昭明文选》

第一部笔记小说集是《世说新语》

第一部语录体著作是《论语》

第一部编年体史书是《春秋》

第一部断代体史书是《汉书》

第一部历史批评著作是《史通》

第一部兵书是《孙子》

第一部古代制度史是《通典》

第一部农业百科全书是《齐民要术》

第一部农业生产技术论著是《天工开物》

第一部植物学词典是《全芳备祖》

第一部药典书是《新修本草》

第一部医药书籍是《黄帝内经·素问》

第一部地理书是《禹贡》

第一部茶叶制作书是《茶经》

第一部建筑学专著是《营造法式》

第一部珠算介绍书是《盘珠算法》

第一部绘画理论著作是《古画品录》

第一部系统的戏曲理论著作是《闲情偶记》

第一部戏曲史是《宋元戏曲韵史》

第一部图书总目录是《七略》

103. 什么是“回环诗”

宋代文学家苏轼和秦观是好朋友。一次，秦观出外游玩，很长时间没回来。苏轼很惦记他，就写信询问他的情况。不久秦观给苏轼回了一封奇怪的信，只见信纸上写了14个字，排成一圈：

已暮赏
时　花
醒　归
微　去
力　马
酒飞如

苏轼看后，连声叫好。原来秦观写的是一首回环诗，诗中描述了自己在外的生活和情趣。内容是：

赏花归去马如飞，去马如飞酒力微。

酒力微醒时已暮，醒时已暮赏花归。

104. 标点符号是如何发展而来的

中国古时候没有标点符号，古人写文章一气到底，没有停顿。读的人可就吃力了，甚至还会产生误解。举个简单的例子就可看出标点符号的重要，某校篮球比赛结束，裁判在黑板上宣布：“我校篮球比赛已经结束初二（1）班打败了初一（2）班夺得了冠军。”结果，两个班都说自己是冠军，初二（1）班同学说黑板上明明写着“初二（1）班打败了初一（2）班，夺得了冠军”。初一（2）班同学说，不对，黑板上写的是“初二（1）班打败了，初一（2）班夺得了冠军”。你看，不用标点符号，引出多大麻烦！

读错了还是小事，如果翻译外国著作那就更加麻烦。清朝末年的文学家、翻译家林琴南老先生就闹过不少笑话。林琴南不懂外语，却用文言文翻译过150多种外国小说。他翻译时苦恼的倒不是自己不懂外语，而是中国没有一套统一的标点符号。特别是外国小说中的省略号，弄得他束手无策，只得在省略号的地方写上“此语未完”四个字应付一下。

古人也明显地感觉到没有标点符号的文章实在难读，汉朝人便发明了“句读”符号，语义完整的一小段为“句”，用“。”表示；句中语义未完，语气可以停顿的地方为“读”，用“、”表示。这样，文章读起来就比较方便了。宋朝人开始改用“，”“。”表示句读。明朝人又进一步发明了人名号和地名号。有了这些符号便可以避免误读，但用于文章的表达还是远远不够的。

1919年，国语统一筹备会在以上标点符号的基础上，参考各国通用的标点符号，提出了《请颁行新式标点符号议案》，规定了12种符号，由当时教育部颁布全国。解放以后，出版总署进一步总结了标点符号的用法规律，于1951年9月刊发了《标点符号用法》，同年10月政务院作出了《关于学习标点符号用法的指示》。从此，标点符号趋于完善，有了统一的用法。

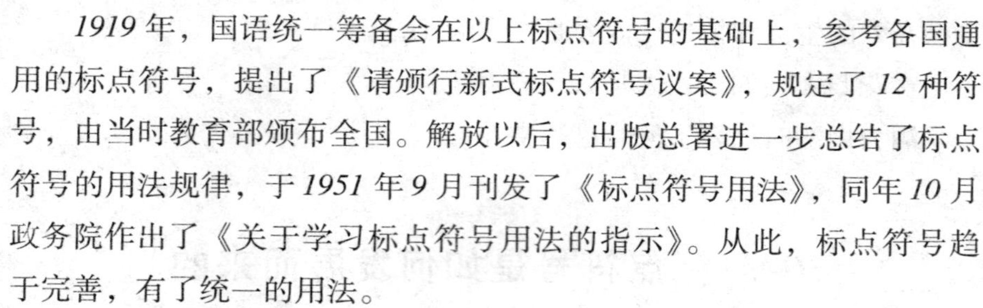

105.“您”和“她”是如何演变的

“您”在现代汉语中作为第二人称的敬词。不过，在古时候，“您”只是一般的称呼，并没有特别尊敬的意思。

也有人认为“您”是从“恁”字演变而来的。“恁”在古时候是个常用的字，是“这样”、“如此”的意思，有时候也被人借来用作第二人称代词。但是，并没有明显的敬意。南宋戏文《张协状元》里说：“有些钱，怎知奴便凑来助恁。”可见，用“恁”称“您”，由来已久。

“恁”和“您”在很长一段时间内是并存的，“恁”可以表示多数，明朝文学家徐文长就说过“你每（们）二字呼为恁”这样的话。“您”也可以表示多数，《五代史评话》中说：“您孩儿们识个什么!”后来，人们终于舍弃了“恁”而专用“您”字。现代汉语中“您”不能再加上“们”合成“您们”来表示多数，就是从古代沿袭下来的。到了“您”由表多数转向表单数，专用于“你”的意思时，就表示尊敬。近十几年来，有些书上出现了“您们”的用法，不过，在口头上却不这样用，人们仍习惯用“您几位”来表示对不止一人的尊称。商店里营业员常说：“您二位想买点什么?”

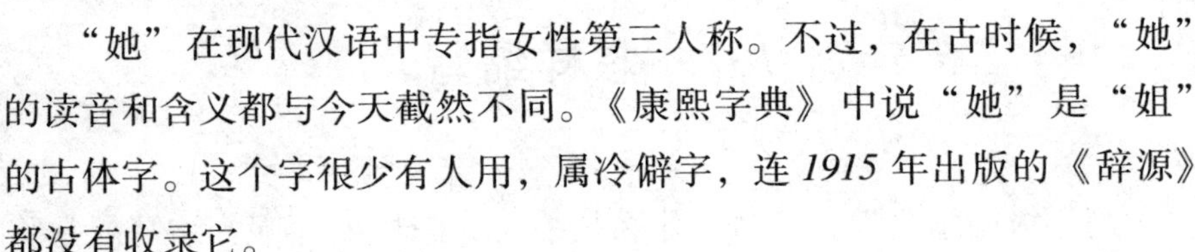

“她”在现代汉语中专指女性第三人称。不过，在古时候，“她”的读音和含义都与今天截然不同。《康熙字典》中说“她”是“姐”的古体字。这个字很少有人用，属冷僻字，连*1915*年出版的《辞源》都没有收录它。

古时候，人称代词没有性别之分。“五四”时期，人们开始用“伊”作为女性第三人称代词。但“伊”与“她”并用，有些人分不清，常造成混乱，且与口语读音不同，人们觉得很不方便。*1920*年*6*月*6*日，刘半农在他发表的一篇题为《她字问题》的文章中指出：中国文字中要不要有个第三人称阴性的代词？如果要的话，就用“她”字。这个提议很快得到社会各阶层的认可，因为“她”既能区别于“他”表明性别，又符合口语习惯，所以人们都乐于接受。

106.“中文”与“汉语”有什么区别

“汉语”和“中文”是既有联系又有区别的两个概念。“汉语”是汉族语言的简称。我国是个多民族的国家，除汉语以外，尚有蒙、藏、朝鲜、维吾尔等兄弟民族的语言。通常说的汉语，不包括其他民族的语言，但包括使用汉语地区的方言。

“中文”是中国语文的简称，它与“汉语”的区别，严格说来，汉语是指口讲、耳听的语言，“中文”还包括阅读和书写的内容。此外，中文也包括兄弟民族的语文，例如新疆大学就把维吾尔语专业课程设在中文系里。

107. 怎样缩写

高年级同学要学会缩写。什么是缩写，怎样缩写呢？缩写就是将一篇较长的文章按一定的要求，保留它的主干，删除次要部分，使它成为短小的文章。缩写前先要认真阅读原文，弄清作者的思路，分析文章的层次段落，把握文章的中心思想，然后根据文章的中心，决定取舍。缩写后的短文，要保留原文的主要情节，体现原文的中心，千万不能改变原文的意思。

缩写的主要方法，首先是删，就是要删去那些与中心联系不十分密切的内容，删去次要情节和次要人物的语言、行动描写，删去那些无关紧要的句子的修饰成分。

其次是要检查一下留下的是否都是事件的主要发展过程和主要情节，是否都是主要人物的主要行为、语言和心理活动，是否都是与中心关系密切的主要段落、重要词语。如果都是，还要进一步缩减，长的段落要再删，长的句子也要进一步紧缩，要将长的变短，繁的变简，尽可能地删除那些不必要的字、词、句、段。

然后就要对留下的部分进行整理，尽量用自己的语言进行概括，但也要注意保留文章中能够表现主题的重要词语和主要情节。人物的对话也可改为叙述。还要注意文章的过渡衔接，语气贯通自然。不要改变文章的体裁、中心和叙述的顺序。

经常练习缩写能提高阅读能力和写作能力。缩写需要深入理解文章内容，通过细致分析的过程还能提高认识能力，丰富自己的知识。

108. 如何训练说话

语文学习除了“认”、“听”、“读”、“写”几个方面外，还应该包括“说”，也就是口头表达能力。不少同学重视前几个方面，而忽略了“说”的训练，这对提高语文水平是不利的。怎样训练口头表达能力呢？方法是很多的。朗诵会、故事会、演讲比赛都是很好的训练形式。这也有个循序渐进的过程，具体步骤分为以下4个阶段：

1. 先成文再背诵。

这是最初阶段，由于同学们尚未经过说话的规范训练，不习惯当众表达，演说时，既要考虑语言、语调、词汇、句子，又要考虑语言的组织，往往显得十分紧张，想好的话也不能准确表达出来。因此，这一阶段主要是培养心理素质，为进一步训练和提高打下基础。演讲前可将其内容写成讲稿，然后背熟。会上，能够比较从容地背诵就算达到目的。

2. 先打腹稿再演讲。

这是在前一阶段基础上的提高与发展，要求接到话题后，用较短

的时间，在头脑中列出演讲提纲，打好腹稿，然后在众人面前表达出来。此时，要说的话还没有全部成文，在说的过程中，需花费较多的精力思考组织语言，难度较大。

3. 表情模仿。

经过以上训练，达到能比较流畅地当众演讲的要求后，就要开始注意表情训练。最初可通过电视观察名人演讲时的表情、动作，并加以模仿，渐渐地就会懂得其中的奥妙。然后，就可以有意识地运用于自己的演讲过程之中。多次训练之后，就能运用得比较自如。

4. 即兴表达。

这是说话训练的最后阶段，要求在基本掌握了说话的技巧后，能根据临时发现的情况，即时发表自己的见解。这一要求，在有过循序渐进的训练基础后，也是不难达到的。

109. “一刹那”是多久

读书看报时，常见到“刹那”、“瞬间”、“弹指”、“须臾”等字眼，这些都是表示非常短暂的时间概念。它们到底有多长时间？它们之间是否有差别？

我们可以从古代的梵典中找到明确的答案，在《僧祇律》中即有这样的记载：

“一刹那为一念，二十念为一瞬，二十瞬为一弹指，二十弹指为一罗预，二十罗预为一须臾，一日一夜有三十须臾。”据此，可推算出具体时间来。即一天一夜 24 小时有 480 万个“刹那”，或 24 万个“瞬间”，1 万 2 千个“弹指”，30 个“须臾”。再细算，一昼夜有 86400 秒，那么，一“须臾”等于 2880 秒，一“弹指”为 72 秒，一“瞬间”为 0. 36 秒，一“刹那”却只有 0. 018 秒。在写文章时，为了表达恰切的意思，对上述概念应斟酌选用。

110. 为什么“一点之差，意思相反”

孙犁的著名短篇小说《荷花淀》里有这样一句话：“你走，我不拦你。家里怎么办?”

这是丈夫要去部队参军杀敌的前一个晚上，妻子说的话。如果把这句话的标点改成这样：“你走，我不拦你，家里怎么办?”表达效果明显不同。

“你走，我不拦你。家里怎么办?”写出妻子思想的开朗。

“你走，我不拦你，家里怎么办?”这句话就产生了相反的效果：说明妻子只考虑家里而不明大义，是阻止丈夫抗日的落后妇女了。

111. 什么是歇后语

歇后语是人民群众创造的反映实际生活的一种口语。它浅显易懂，形象生动，寓意深刻，巧妙有趣，大多富于讽刺和幽默的意味。

歇后语一般由前后两部分所组成，前部分是比方，像谜面；后一部分才是本义，像谜底。大部分歇后语的本义均可通过对前一部分的解释而得出。所以说话时，往往会说前一部分，让听者自己去领会其本义。这就叫歇后语。这种独特、巧妙的修辞方式，基本上属于比喻的修辞范畴。现在所流行的歇后语一般将后部分一齐说出。

正确地运用歇后语，可使语言或作品生动活泼，增强其表达效果。

112. 普通话是怎样形成的

古时候，人们说话各用乡音，南腔北调，不便于思想交流。元、明、清时代，北京成为全国的政治、文化中心。随着人们交际范围的不断扩大，北京话也在全国各地传播开来。当时，这种北京话主要用于官场交际，所以又称为“官话”。清朝雍正皇帝就曾命令官吏“务使语言明白，使人易通，不得仍前习为乡音”。雍正的目的，自然是为封建统治服务。不过，客观上也有助于“官话”的进一步推广。事实上，这种“官话”不仅在官吏之间通用，并且也逐渐为各地的老百姓所接受和使用。

当时的文人，一方面用脱离口语的文言写作，一方面也用接近口语的“白话”写作，《水浒传》、《红楼梦》就是其中的代表。这种白话文学的语言基本上属于北方话，因此对北方话的推广也起到促进作用。

晚清时候，一些文人致力于“官话”推广、普及工作，其中尤以王照的贡献最大。王照经过认真的考察研究，终于得出了“北至黑龙江，西至陇，西南至滇，南至江，东至海，纵横万里”“皆与京话略同”的结论。他提议“取京话”为“官话”，作为公用话。他还仿照日本文字的“假名”，截取汉字结构中的一部分作为字母符号，创“官话合声字母”50个（即“京音字母”），为我国汉语注音字母的发展奠定了基础。

“五四”时期，书面语方面，“白话”逐渐代替了“文言”；口语方面，在历史上流行的“官话”基础上，开展了所谓的“国语”运动，把北京话定为标准的“国语”，作为民族共同语加以推广。

不过，早期的官话和后来的国语，除了以北京语音为标准音外，

在词汇和语法方面都没有明确的规范标准。*1955* 年 *10* 月，中国文字改革委员会和教育部联合召开全国文字改革会议，才提出明确要求，即“以北京语音为标准音，以北方话为基础方言，以现代典范的白话文著作为语法规范的汉民族共同语”。只有符合这个要求，才是规范化的普通话。

113. 世界上有多少种语言

据《语言及语言交际手段问题介绍》，目前世界上已知语的语言，其中有 *500* 种语言为人们所研究。除此之外，有 *1 400* 多种语言尚未得到承认或正处在衰亡阶段。有 *250* 种澳大利亚地方语言，使用人数总共只有 *4* 万人。有 *170* 种印第安地方语言，使用人数更少，而且大多只是年逾花甲的老人在使用。

114. 最长的对联有多少字

中国最长的对联，是清末四川江津才子钟云舫所写的一副长联——《拟题江津县临江城楼联》，共 *1 612* 字。

这幅长联是钟云舫在狱中没有任何一本书籍可供参阅的情况下写的。此联在一天里写成，又修改了七八天。他在长联前有一序：“飞来冤祸，理所不解，偶一触念，痛敝心肝。迟迟春日，借此搜索枯肠，欲其不以冤情撄念耳。以泪和墨，以血染纸，计得一千六百余字，明知抛查取厌，而故曼其词，谬欲以长制胜，阅者笑我之无耻，当谅我之无聊也。噫！”突如其来的冤祸使钟云舫成为囚徒。每当想到这情理难容的事，肝胆欲裂。为了摆脱精神上的折磨，他决计搜肠写一副

长联来排除苦闷，排遣难挨的时光。这浸满泪水和心血的 1 612 字，便是此种心境下的产物。

115. 你知道中国最长的诗歌吗

中国最长的诗歌，是藏族史诗《格萨尔》，又称《格萨尔王传》。

这首长诗大约产生于 11 世纪以后，是一部说唱体诗歌。至今已收集到 150 万行，1 500 多万字。其内容是叙述天帝之子格萨尔大王，下凡投生，反抗种种邪恶，在完成了救护百姓的大业后重返天国的丰功伟绩。格萨尔王极其高大的英雄形象，是藏蒙人民中勇敢、力量和智慧的化身。其语言韵散相间，生动形象，人物对话亦为唱词，富有诗意。

这部长篇叙事史诗，是中国文化遗产中的宝贵财富。但大部分仍流传于民间艺人的说唱，国家已把《格萨尔》的收集、整理工作，列为科研重点项目。

116. 甲骨文是怎样被发现的

清光绪二十五年（1899），有一天，国子监祭酒（国子监为国家最高学府，祭酒相当于今大学校长）王懿荣患疟疾，请医生来看病，医生为他开的处方中有“龙骨”药一味。王懿荣待抓药的人回来后，拿起龙骨观看，忽然发现“龙骨”上面有一些刀刻的痕迹，再仔细观察，这些刀痕绘形意味浓厚，但又不是图画。经过初步思索、分析，他认为这些痕迹，可能是古人遗留下来的文字。

王懿荣是研究古文物和古文字的专家，他马上派人去把药店的

“龙骨”全部买回来，经过细心研究，终于发现，这些“龙骨”全是些龟甲和兽甲，甲骨上的文字是在原始图案和符号基础上发展起来的文字，而这些文字大多为“卜辞”，是商朝奴隶主贵族向他们的祖先或鬼神占卜或祭礼的记录。后人把这些文字称为“甲骨文”，甲骨文就这样被发现了。

这些甲骨是从哪里来的呢？原来，它们最早出土于河南安阳西北的“殷墟”，殷墟是商朝都城所在地，早在光绪二十四年（*1898* 年）以前就被当地农民发现。农民以为是“龙骨”，可以治病，便卖到药店。当时，王懿荣曾以每字二两银子的高价搜求甲骨文，甲骨文便为世人所重视。